利用者 家族 スタッフ に信頼される 介護のステキ言い換え術

大野萌子
Moeko Ono

中央法規

はじめに

何気なくかけられた言葉で、気持ちがほっこりと温かくなったり、反対に一気に落ち込んだりした経験はありませんか？　私たちは、言葉を通じてお互いの意思を確かめ合い、その積み重ねで相手との関係をつくっていきます。

「言霊（ことだま）」という言葉があるように、古くから日本では言葉には思いが宿る、といわれてきました。現代でも、結婚式などの「ハレの日」には、縁起がよいポジティブな言葉を選び、不幸が連想されるようなネガティブな言葉を避けています。これは、多くの人がネガティブな言葉のもつ悪影響を知っているからです。

ところが、特別な日や場所では言葉の使い方に意識を向けていても、ふだんの生活ではおざなりになってしまいがちです。忙しさなどから、しっかりと言葉を選ぶゆとりがない人もいれば、知らず知らずのうちにネガティブな言葉が口癖になっている人もいるのではないでしょうか。

ネガティブな言葉は、それを受け取った相手の気持ちもネガティブにします。自分の言動を振り返り、ネガティブな表現をポジティブな表現に変えることができれば、確実に周りの人との関係性によい変化をもたらすでしょう。

よりよい関係づくりを目指すにあたっては、相手とのコミュニケーションの回数を増やすことも大切です。これは、人と繰り返し触れ合うことによって、相手からの好感度が上がる「単純接触効果」という現象に裏づけられています。

しかし、ハラスメントが叫ばれるようになった昨今では、「言ってはいけないNGワードが多すぎてコミュニケーションが取りづらい」という声をよく耳にします。危ない橋を渡らないためにも、できるだけ他人とかかわらないようにしようと考える人も少なくありません。

とはいえ、最低限のやりとりで済ませようとする風潮は、よい傾向とは言えません。思いや考えは、言葉にしなければ伝わりませんし、伝わったと思っていても誤解を招いていることもあるからです。すると、また別の誤解を生み出すことにもなります。

ハラスメントで注意しなければならないのは、相手を不快にしないことです。自信をもってコミュニケーションをとるためには、相手を不快にしない言い方や誤解を生み出さない言葉が大切になります。

私は、25年間心理カウンセラーの仕事に携わってきました。介護現場を含め、今までに2万人以上の方々の相談に乗ってきましたが、トラブルや悩みの原因の多くは、身近な人間関係の悪化にあります。

介護現場では、「人間関係の善しあし」が「介護の質」にも直結します。対人援助の場では、利用者だけでなく、その家族や職場のスタッフとの関係性までもが利用者の生活を左右します。

多種多様な背景をもつ利用者やその家族、年齢や経験、職歴が多岐にわたる介護スタッフ、文化の異なる外国人材、その全員に自分と同じような感覚を求めるのは無理があります。何か一つのことを伝えるだけなのに苦労することも少なくありません。そんなかでよりよい関係を構築するためには、相手の立場を想像し、言葉を選ぶことが大切です。

本書では、相手別（利用者・利用者の家族・スタッフ）、シーン別に介護現場で使ってしまいがちな「NGな言葉」と、それを言い換えた「信頼される言葉」を数多く掲載しています。トラブルを招きやすい言葉に気づくきっかけにもなりますし、より信頼される言葉を身につける機会にもなります。また、ご自身だけではなく、周りのスタッフが起こしてしまうトラブルの原因にも気づき、指導にも役立てることができるでしょう。

言葉は、覚えただけでは自分のものにはなりません。英会話の本を読んで、すぐに英語が話せるようにならないのと一緒です。ですから、本書を読んで「これは使えそう」と思ったセリフがあれば、意識的に使うようにしましょう。何度も繰り返していくうちにだんだんとなじんできて、自然と口に出せるようになり、自分らしい言い回しもできるようになります。

また、状況によっては、本書の言い換えがうまく当てはまらないこともあるでしょう。しかし、解説には言葉選びのエッセンスが書かれていますので、それらをうまく取り入れて応用してください。

思いやりをもって言い換えた言葉が、周りの人との信頼関係を築き、あなた自身の気持ちも変えていくことで、「介護の質」と「働きやすさ」につながることを願っています。

２０２４年６月　大野　萌子

目次

ふうっ

今すぐ お茶が
飲みたいわ～

本書は、『おはよう21』２０２３年１月号～２０２３年12月号に連載した「今から使いたくなる 利用者・家族・スタッフに信頼される〝言い換え術〟」に大幅な加筆・修正を加えたものです。

第1章

あいさつ

To 利用者

その日初めて会ったときに
言ってしまいがち

× 今日はかわいいですね

◎ 今日もすてきですね

「いつもそうだけど、今日も」のニュアンスで伝える

あいさつは、その人の印象を決める大切なコミュニケーションです。お互い笑顔で気持ちよくあいさつを交わせたら、一日のやりとりもスムーズになるでしょう。

あいさつでは、相手の外見や様子を口にすることが多いと思います。利用者がいつもより明るい色の服を着ていたり、髪の毛をきれいにセットしていたりと、いつもと外見が異なるときは「利用者に気分を上げてもらいたい」と思い、服装や髪型を褒めたくなるものです。

しかし、そのときに「今日はかわいいですね」と口にすることはないでしょうか。一見、問題がないように思われますが、「今日は」という表現には注意が必要です。「いつもは違うけど、今日は」というネガティブな意味で伝わることがあるからです。

この場面では、**「いつもそうだけど、今日も」といったニュアンスを伝える**ことが大切です。一字の違いでも受け取られ方が大きく違います。

また、「かわいい」という表現も気をつけたいフレーズの一つです。基本的に目上の人に使う言葉ではありません。ともすると「見下されている」と感じられてしまいます。利用者はお客様でもあります。外見を褒めるときは、**「今日もすてきですね」**と言い換えたほうがベターです。

朝のあいさつのときに言ってしまいがち

To 利用者

✕

○○ちゃん、おはよう

◎

○○さん、おはようございます

丁寧な言葉づかいでも親しみは伝わる

親しみを感じてほしいという思いから利用者を「ちゃん付け」で呼んだり、友達口調で話したりする人がいます。

しかし、利用者は、スタッフの家族でも友達でもありません。利用者のなかには、子ども扱いをされたようで不快に思う人もいます。相手を尊重する気持ちを示すためにも、**丁寧語を基本とした対応**を心がけましょう。

朝起きてほしいときに言ってしまいがち

To 利用者

朝ですよ、起きてください

◎ よく眠れましたか？

気遣いで気持ちのよい一日のスタートに

介護施設の朝は、利用者の身支度や朝食などがあるため忙しく、「予定をこなさなければ」という意識から、利用者を急かしてしまいがちです。

しかし、言葉は丁寧でも、利用者からすれば、「起きろ」と命令されているように感じられます。お互いに気持ちよく一日をスタートさせるためにも、まずは**気遣いの言葉**をかけられるとよいですね。

久しぶりに会ったときに言ってしまいがち

To 利用者

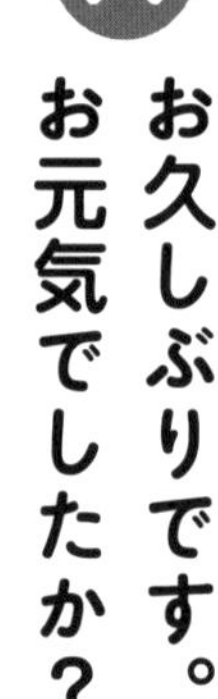

✕ お久しぶりです。お元気でしたか?

◎ お久しぶりです。ヘルパーの○○です

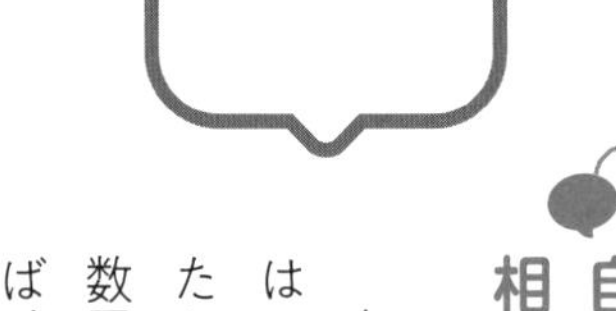

自分から名乗ることで相手の負担を減らす

久しぶりに会った人の名前はつい忘れてしまいがちです。たとえ、久しぶりでなくとも数回しか会ったことがなければ、とっさに名前が出てこないこともよくあるでしょう。

覚えている前提であいさつするのではなく、**自ら名乗る**ことが大切です。付き合いが深まるまでは、日々のあいさつでも名乗ると好印象です。安心感にもつながるでしょう。

居室に入るときに言ってしまいがち

To 利用者

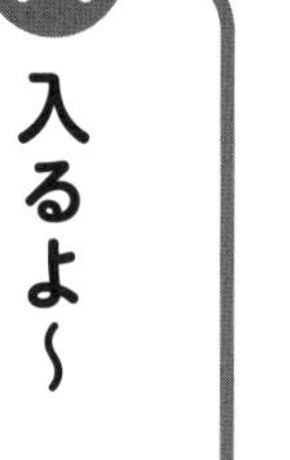

×

入るよ～

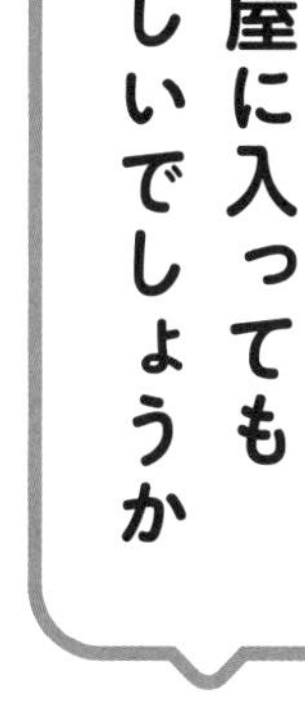

◎

お部屋に入ってもよろしいでしょうか

プライバシーに配慮する

利用者の居室に立ち入るときに黙って入ったり、一方的な声かけだけで許可を得ずに入るのはマナー違反。たとえ、利用者がドアを開けたままにしていても、**ノックをしてお伺いを立ててから入室**します。同時に用件も伝えられれば◎。

利用者のプライバシーを守ることは、尊厳を守ることです。ちょっとした気配りは、信頼関係にも結びつきます。

To スタッフ

帰りのあいさつのときに言ってしまいがち

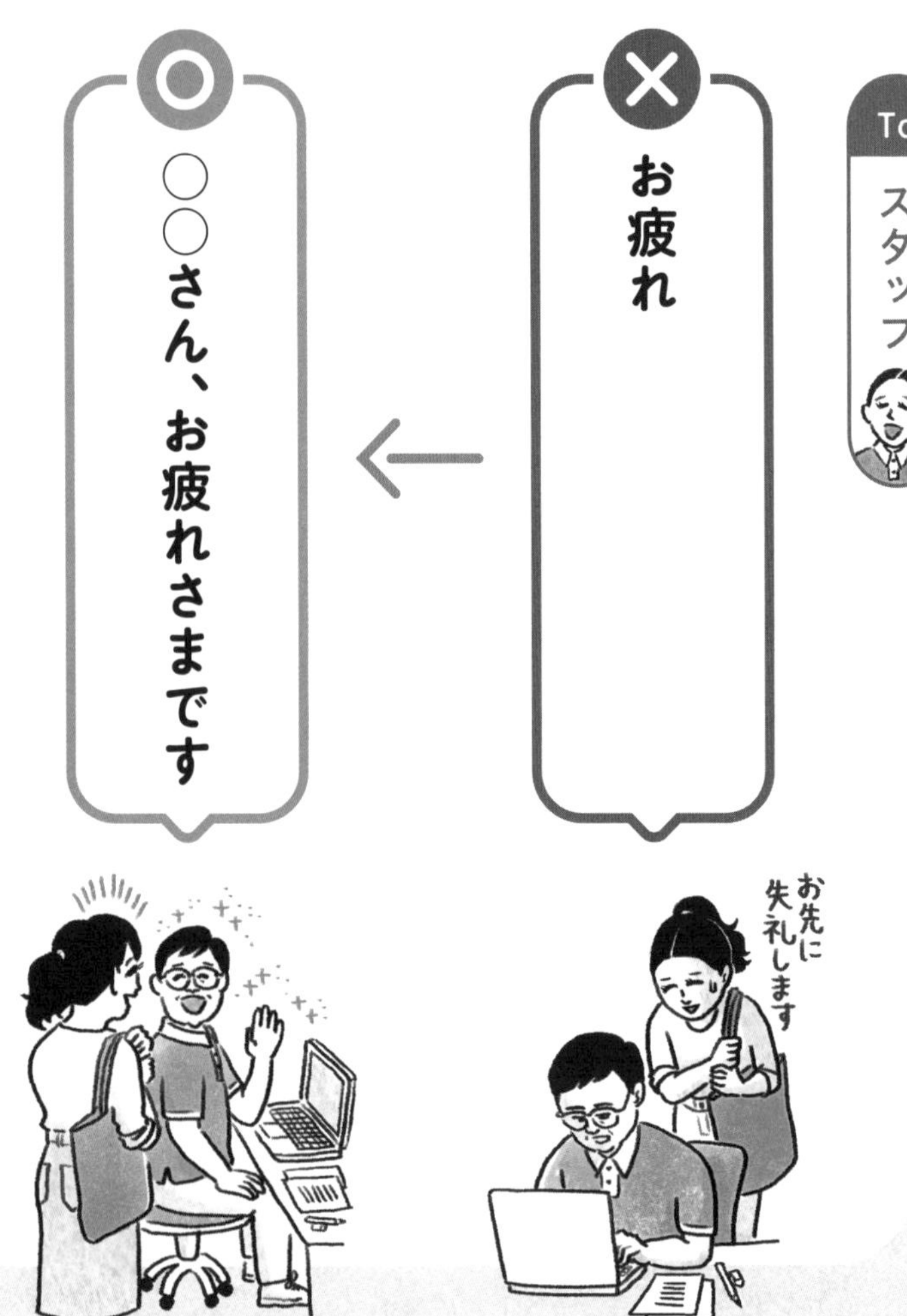

優しく丁寧なあいさつで信頼感アップ

介護現場に限らず、スタッフの言葉づかいは、職場トラブルの要因の上位に入っています。介護施設・事業所も組織なので、仕事をするうえで上下関係が存在するのは当たり前ですが、上司や先輩が部下や後輩に対して、ぶっきらぼうなあいさつをしてよいことにはなりません。

部下や後輩といっても、自分よりも年上だったり、豊富な経験を積んでいたりする場合も少なくありません。こうした対応は、見下す態度としてとらえられることもあるので、注意が必要です。

また、一部の仲のよいスタッフに対しては丁寧に、そうではないスタッフに対しては素っ気なく接するようなことがあれば、素っ気なくされたスタッフは一層距離感を感じます。職場においては、お互いに尊重する姿勢を示すことが大切です。**誰に対しても「です・ます」調の丁寧語で話す**など、対応に差が出ないようにしましょう。

あいさつのときに名前を呼びかけることは、承認のサインになります。相手からすると、「自分をきちんと見てくれている」という認識になりますので、名前を呼びかけるようにしてみましょう。そのとき、目を合わせることも大切です。一瞬でよいので、顔を向けてあいさつすることで信頼感もアップします。

To スタッフ

近況を尋ねるときに
言ってしまいがち

仕事は順調？

最近、仕事はどうですか？

近況を尋ねるときはオープンクエスチョンで

軽いあいさつのつもりで言いがちなこの一言は、「クローズドクエスチョン（閉ざされた質問）」と呼ばれ、「はい」「いいえ」の二者択一で答えを求める質問です。

しかし、二者択一で答えにくい場合は、相手を追い詰めてしまいやすいので、◯のように、答えに幅がある**オープンクエスチョン（開かれた質問）**を取り入れましょう。

ねぎらうときに言ってしまいがち

To 家族

ご苦労さまです

こんにちは

「ご苦労さま」は目上の人には使わない

面会に訪れている利用者の家族などに言ってしまいがち。

しかし、**「ご苦労さま」は、目上の人が目下の人をねぎらうときの表現**といわれています。そのため、言われた家族は見下されていると感じ、あなたを「失礼な人」と思うかもしれません。

面会を「苦労」と言われることに違和感を抱く人もいますので、注意が必要です。

体調を気遣うときに言ってしまいがち

To 家族

お疲れのようですね

↓

お変わりありませんか？

あいさつがてらの気遣いの言葉に注意

相手の体調を気遣うつもりで口にする言葉ですが、言われた相手は、「そんなに疲れて見えるのかな」とかえって落ち込む可能性があります。

本人に疲れている自覚がない場合は、「服装がだらしなかったかな」「髪が乱れていたかな」と余計な心配をさせることもあるでしょう。相手を気遣うならば、**ネガティブな言葉は使わない**のが吉です。

第2章

お願い

転倒の危険があるときに
言ってしまいがち

To
利用者

×
一人で歩かないでください

◎
一緒に歩きましょう。どちらに行きますか？

お願いは提案のかたちでする

利用者が安全上のリスクがある行動をしたとき、心配する気持ちから、つい「○○しないで」「○○はダメ」と、行動を否定・禁止する言葉を使っていないでしょうか。

強い口調で否定的な言葉を使って指示するほうが、相手に伝わると考える人もいるかもしれませんが、それは間違いです。こうした言葉は、**「スピーチロック（言葉の拘束）」**と呼ばれ、介護の現場では避けるべきものの一つとされています。

否定的な言葉では、誰もが不快な思いをするだけで、言葉を素直に受け取ろうとは思いません。場合によっては、萎縮したり、反発したりすることもあるでしょう。

利用者のなかには、認知症の影響により、なぜ自分が否定的な言葉を投げかけられているのかの理解が難しい人もいます。

こうした経験が積み重なると、利用者は、スタッフに対して嫌悪感を抱き、話をまったく聞いてくれなくなることさえあります。

大切なのは、利用者の意思を尊重し、**「○○しましょう」「○○しませんか」という提案のかたちでお願いをする**ことです。

利用者は、自分のことを心配しながらも、意思を尊重してくれるスタッフに信頼を寄せ、言葉を受け止めようという気持ちになります。何よりも、利用者のできることを尊重する「自立支援」につながります。

やめてほしいことがあるときに言ってしまいがち

To
利用者

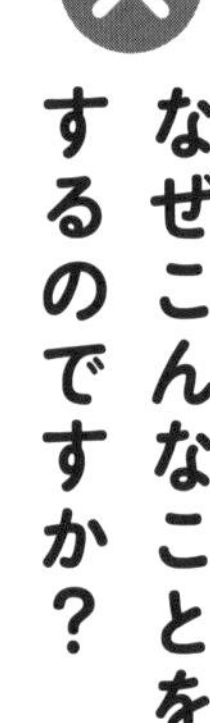

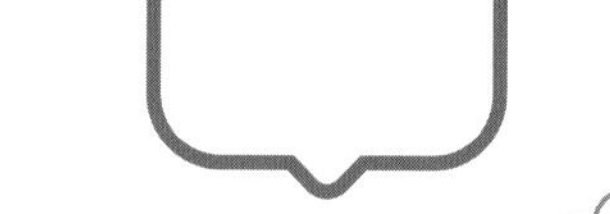

「なぜ」「なんで」は使わない

「なぜ」「なんで」は、デンジャラスワード。これらの言葉で相手の意図を確認するときは、責めるようなニュアンスであることが多いです。

相手を問い詰めるだけでは問題は解決しないばかりか、関係性が悪くなることも。

改善してほしいことがあるときは、**何をどう改善してほしいのかを具体的に伝えてお願いしましょう。**

水分を摂ってほしいときに言ってしまいがち

もうちょっと飲んで

←

もう一口飲んで脱水を予防しましょう

目安と目的を伝える

「ちょっと」という言葉は感覚的な表現です。人によってとらえ方が異なるため、「結局どれくらい飲めばよいのか」と疑問に思います。

また、具体的な目的を知らされないと、水分を摂る必要性を感じにくくなります。

目安となる量を示しつつ、脱水予防や便秘の改善など、**目的にフォーカスした表現でお願いしましょう。**

自立を促すときに言ってしまいがち

To 利用者

それは自分で
やってください

できると思うので、
やってみませんか？

「できる」を伝えて、意欲を高める

多忙な介護職が利用者の行動のすべてを介助することはできません。何より自立支援の観点から、利用者自身にできることをやってもらうことは大切です。

その際、命令口調で伝えたり、無理強いをしてはいけません。利用者の状態を見極めたうえで、**「自分でできる」という自信と意欲をもってもらうための声かけ**が必要です。

作業を頼むときに言ってしまいがち

To 利用者

✕ これならできますか?

◎ 器用な○○さんにお願いしたいです

モチベーションが上がる一言を添える

料理レクなどで、利用者に作業をお願いするときに、「できる」「できない」で返答を促すような聞き方はNG。相手の立場からすると、試されているように感じます。

「器用な○○さんだから」など、**モチベーションアップにつながる一言を添えて、頼みたいことを伝えます**。些細なことでも、誰かに頼られることは生きる気力になります。

仕事を指示するときに
言ってしまいがち

ちゃんとやっておいて

←

○ **この作業をここまでしてください**

指示は具体的な言葉で

スタッフがほかのスタッフに業務を指示したり、依頼したりすることは、現場では常にあります。それらが正確に伝わることで、業務がスムーズに行われ、利用者やスタッフの安全につながります。

しかし、残念ながら、指示や依頼の意図がうまく伝わらずに、トラブルにつながるケースが多くみられます。その原因は、「曖昧表現」によるすれ違いです。

曖昧表現の一つが「ちゃんと」という言葉です。感覚的で、具体的にどの程度を意図しているのかが不明確な表現です。

たとえば、上司が部下に「明日の会議の準備をちゃんとしておいて」と言っても、上司の思い描いているものが正確に部下に伝わることはありません。「ちゃんと」の解釈を相手にゆだねず、「明日の10時までに会議資料をスタッフ全員分コピーして」と**具体的な言葉で伝える**ことが大切です。

「ちゃんと」以外にも、「もうちょっと」「なるべく」「しっかり」「後ほど」など、つい使いがちな曖昧表現は多くあります。

正確に業務を遂行してほしいときは、こうした言葉を避け、**「何を」「いつまでに」「どうしてほしいのか」**を具体的に伝えます。同じ職場にいるからわかっているはずだと思い込まずに、明確な言葉で指示することでトラブルを避けましょう。

仕事をお願いするときに
言ってしまいがち

To
スタッフ

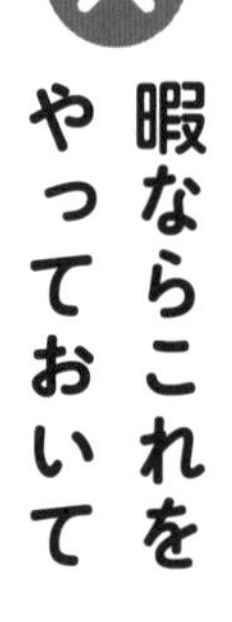

暇ならこれをやっておいて

この仕事をお願いしたいのですが、時間はありますか？

余計な一言は付け加えない

手が空いているかを確認しているだけのようですが、「暇そうに見えた」ともとらえられるため失礼です。

多忙な現場では、息つく間もないことでしょう。言われた側は、「少しの休憩も許されないのか」とイラッとしてしまうかもしれません。

失礼な前置きはせず、**相手の状況を確認しつつ、お願いを単刀直入に伝えましょう。**

追加でお願いするときに言ってしまいがち

To スタッフ

✕ ついでにこれもお願い

← ◎ この件を追加でお願いしてもいいですか？

追加のお願いは別件として

ほかのスタッフに何かのついでに仕事をお願いすることはよくあるでしょう。

しかし、「ついでだから」と言われると、相手は断りづらく、雑用を押しつけられているように感じます。それが手間のかかる業務だった場合はなおさらです。

相手に甘えることなく、**別件として引き受けてもらえるかを尋ねましょう。**

些細なお願いをするときに言ってしまいがち

To スタッフ

× これくらいなら できるよね？

← ◎ この仕事をあなたに お願いしたいです

見下す・試すような言い方はNG

「これくらいなら」には、「大したことではないので」という前置きが含まれます。

その人の能力に合った仕事を依頼しているつもりでも、相手は見下されている、試されていると感じるため、気分が害されます。

信頼感や期待感を込めた頼み方だと、相手も「それに応えたい」と思い、気持ちよく引き受けてくれるでしょう。

必ずしてほしいことがあるときに言ってしまいがち

To スタッフ

✕ できれば会議に出てほしいです

◎ 会議には必ず出席してください

伝えるべきことははっきりと

「意図を汲んでくれるだろう」という思い込みや過度な気遣いによって、必ずしてほしいことでも、「できればしてほしい」という表現で依頼しがちです。

しかし、その意図が伝わらないと、相手は「やらない」という選択をする可能性があります。必ずしてほしいことならば、**過度に気を遣わずにはっきりと伝えましょう**。

期限があるお願いをするときに言ってしまいがち

To 家族

✕ お手すきのときに書類をお送りください

←

◎ 今月中に書類をお送りください

曖昧な言い方だと後回しにされることも

家族の負担に配慮して、使いがちなフレーズです。

しかし、「お手すきのときに」「早めに」といった曖昧な表現はNG。後回しにされて、そのまま忘れられることがあります。**期日を明確に伝え、すれ違いを防ぎましょう**。

また、相手が約束を忘れてしまったとしても、期日があることで、いつ督促を行えばよいかが明確になります。

協力してほしいときに言ってしまいがち

これをお願いします

←

○○に必要なのでご協力ください

お願いしたい理由を具体的に伝える

家族に持参してほしいものや協力してほしいことなどがあるとき、その内容だけを伝えて、理由を省略してしまいがちです。

スタッフは、「説明がなくてもわかるだろう」という感覚かもしれませんが、専門知識がない家族にはピンと来ないこともあります。**依頼するときは、何のために必要なのかを具体的に伝えましょう。**

協力してほしいときに
言ってしまいがち

To
家族

×
してくれないと
困ります

◎
○○さんの
お力が必要です

「あなたが頼り」という
ことを伝える

家族の協力が必要な手続きや、家族とのかかわりのなかでしか実現できない利用者の希望などを伝えても、非協力的な家族はいます。

しかし、「してくれないと困る」と伝えると、言われた相手は責められているように感じ、反発を招きます。

協力を仰ぐときは「あなたが頼り」と伝え、相手の自尊心を高めるのもよいでしょう。

第3章

断り

贈り物を渡されたときに言ってしまいがち

To 利用者

× お気持ちだけで結構です

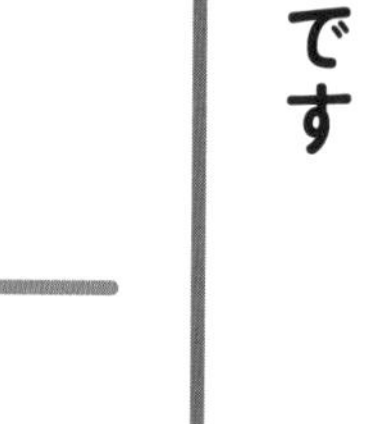

◎ お気持ちはうれしいのですが、受け取れません

気持ちは尊重しつつ、受け取れないことは明確に伝える

多くの事業所では、「利用者からの個人的な贈り物は受け取らない」というルールがあるかと思います。しかし、金銭や高価なものは別として、ちょっとした手土産やいただき物のおすそ分け、趣味の手づくり品、飴玉など、受け取ってよいかどうかの判断に迷うものもあるでしょう。

その際に相手に遠慮してはっきりと断ることができずに「お気持ちだけで結構です」「お気遣いなく」といった表現をすることがあります。しかし、それだと相手は、「遠慮しているのかな」「もう少し押せば、受け取ってくれるかな」などと、とらえる可能性があります。

事業所のルールがあるならば、原則として、贈り物の金額に限らずに徹底して受け取らないことが大切です。**はっきりと「受け取れない」と伝えましょう。**

ただ、単にはっきりと断るだけだと、相手は拒絶されたように感じてしまうので、**「お気持ちはうれしいです」「お心遣い感謝します」などの感謝の意も添えましょう。**

それでも食い下がられることもあるかと思います。その際は、「事業所のルールなので申し訳ございません」と伝えたり、上司に相談したりしましょう。ときには「私が叱られてしまうので」と伝えるのもよいかもしれません。

ハラスメントを受けたときに言ってしまいがち

やめてもらえませんか？

→

やめてください

ハラスメントの場面ではきっぱりと

断るときは、否定的で強制するような言い方ではなく、依頼のような言い方のほうが望ましいケースが多いです。

しかし、明らかな**ハラスメントの場面などでは、きっぱりと拒否する**ことが大切です。

被害を被っているのに我慢する必要はありません。「これくらいは我慢しないと」と**一人で抱え込まずに周りの人に相談する**ことも必要です。

雑談に誘われたときに
言ってしまいがち

To 利用者

×
今、ちょっと
忙しいので

◎
今は難しいですが、
洗濯の後でしたら

いつであれば対応できるかを伝える

「ちょっと」は曖昧な表現で、どれくらい忙しいのかがわかりづらいです。

また、「忙しいので」と言って断るのは、「あなたに使う時間はない」と言っているのと同じで失礼です。理由として適切ではありません。

手が離せないのであれば、その**現状を伝え、いつであれば対応できるのかと、可能であれば代案を示します**。

「帰りたい」と言われたときに言ってしまいがち

To 利用者

✕ 帰れませんよ

◎ お話を聞かせてもらえませんか？

思いを受け止めて寄り添う言葉で

施設や事業所から帰りたがる利用者は、認知症の影響による不安などを抱えています。

事実を伝えることで、その状況を理解できるとは限りません。優しい言い方でも場合によっては、不安がより大きくなることもあります。

大切なのは、その人の**行動の背景や気持ちの動きに寄り添う姿勢**です。これは、認知症の有無に関係ありません。

要望に対応できないときに言ってしまいがち

難しいかもしれないです

↓

恐れ入りますが、○○なのでできません

可能性があるような言い方はしない

「かもしれない」など、可否が曖昧な言い方をすると、言われた相手は、自分の都合のよいほうに判断しがちです。もしくは、「回答を保留された」と思い、正式な回答を待つこともあるでしょう。

可否がわかっているならば、はっきりと示すことが信頼関係の構築につながります。その際、**できない理由も具体的に伝える**ようにしましょう。

忙しいなかでお願いをされたときに
言ってしまいがち

✕
それ、私じゃないと
ダメですか？

←

◎
立て込んでいるので、
他の方にお願い
できませんか？

やりたくない気持ちを アピールしない

原則、職場では、指示された業務を引き受けなければいけませんが、状況によっては、難しいときもあるでしょう。

その場合、角が立たない言い方で断ることが大切です。

「私じゃないとダメですか」は、やりたくない気持ちを察するように求める言い方です。相手は不快になるでしょう。

状況を伝え、別の人にお願いできないかを尋ねましょう。

能力以上の仕事を振られたときに言ってしまいがち

✕ 無理な気がします

← ◎ 私にはまだそのスキルがないので、できません

本当にできないことは明確に断る

自分のスキルをはるかに上回った仕事を一人で引き受けるのは、危険です。

しかし、「無理な気がします」と自信なさげに伝えても、『そんなことない』『できるよ』と言われたいだけなのでは」と考える人もいます。

本当にできないならば、**具体的にできないことやわからないことを伝えるか、必要なサポートを申し出ましょう。**

誘われたときに言ってしまいがち

To スタッフ

大丈夫です

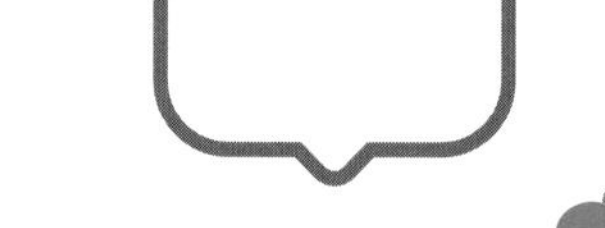

わかりました／行けません

特に断りの意味では使わないほうがよい

「大丈夫」は、本来「わかった」「問題ない」を表します。

しかし、最近では、「遠慮する」「行かない」など、断りの意味でも使われており、誤解が起きやすいです。そのため、**どちらの意味か断定できる言葉に言い換えましょう。**

特に断りの意味で使うと、反対の意味で受け止められたときにトラブルになりやすいため、注意が必要です。

誘いを断るときに言ってしまいがち

To スタッフ

×できれば参加したかったのですが

→

◎都合が悪いため、参加できません

「シンプル」かつ「ストレート」に断る

「断るときは理由が必要」と思い込んでいる人も多いと思います。しかし、必ずしも断る理由を詳しく伝える必要はありません。

その気がないのに「参加したかった」などとリップサービスをすると、日程変更を提案されたりして余計に断りづらくなることもあります。

断るときは「シンプル」かつ「ストレート」でOKです。

要望に対応できないときに言ってしまいがち

To 家族

×

こちらの施設では
やっていないので

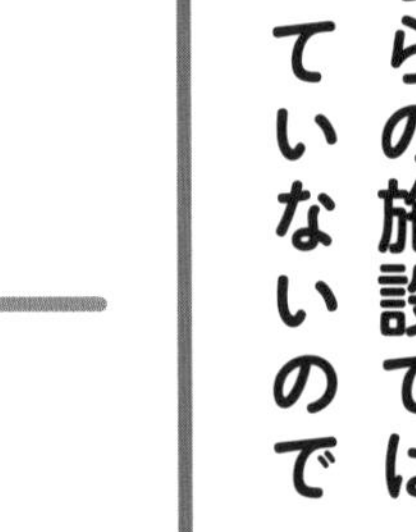

◎

この方法ならできますが、
いかがでしょうか？

代案を示して、寄り添う姿勢を示す

利用者の家族からのすべての要望に応えることはできません。できないことは「できません」と率直に伝える必要があります。とはいえ、NOという結論だけを伝えると、一方的で冷たく、ときには威圧的ととらえられることもあります。できないことをはっきりと伝えつつ、代案があれば、併せてお知らせするとよいでしょう。

たとえば、家族から「食事が父の口に合わないようなので、父だけメニューを変更したい」という要望があったものの、施設ではそうした対応ができないとします。

この場合、**「申し訳ございません。個々のメニュー変更の対応はいたしかねますが、ご家族がお持ちいただいたものをお出しすることはできます」**などと伝えると、単なる拒否ではなく、相手に寄り添った対応になります。また、対応可能な範囲（頻度など）や注意事項（衛生管理など）も併せて伝えられると信頼感も増します。

さらに、要望を貴重なご意見として受け止める姿勢も大切です。現在は対応できなくても、検討の余地があるものに対しては、**「今後、導入できるように検討します」**などの一言を添えると、相手は受け止めてもらえたと感じます。ただし、**可能性のないものは、期待を抱かせることは言わず、要望に応えられないことをお詫びしましょう。**

自分では判断できないときに言ってしまいがち

To 家族

私に言われましても…

判断しかねるため、上司に確認してお知らせします

上司の判断を仰ぐことをはっきりと伝える

家族は、その人の経験や役職にかかわらず、スタッフを等しく「事業所の人」として認識します。そのため、「私に言われても困る」という発言は、その人の責任逃れに聞こえるだけでなく、事業所全体への不信感を募らせます。

一人で対処できないときは、上司の確認が必要であることを伝えましょう。回答期限も示せると、なおよいですね。

第4章

褒める・感謝

To 利用者

しっかり食べてくれたときに言ってしまいがち

いっぱい食べて、偉いですね

←

◎

きれいに食べていただき、ありがとうございます

利用者は人生の大先輩　子ども扱いはNG

利用者が食事をきちんと食べていることは、利用者の健康面を考える際の安心材料の一つかと思います。そうした観点からも、残さずに食べてくれた利用者を「褒めたい」と思うのは自然なことでしょう。

しかし、「褒める」というのは意外と難しいものです。褒めることは、できたことを評価する意味合いが強く、どうしても上から目線になりがちであるため、利用者に対して使うときは注意が必要です。特に、「偉いね」「よく頑張っている」などは使わないほうがよいでしょう。

職場の上司に「偉いですね」と言わないのと同じです。利用者は人生の先輩です。個人として尊重する姿勢で接しましょう。

褒めることは、達成した結果やその過程を認めることです。「承認」のサインの一つですが、ほかにも「感謝する」「ねぎらう」「プラスの感想を述べる」などでも承認の態度を示すことができます。たとえば、**「きれいに食べていただき、ありがとうございます」（感謝）、「全部召し上がっていただけてうれしいです」（プラスの感想）**といった言葉で利用者と達成感を共有できます。

それが、利用者の楽しい食事時間の創出と食欲増進につながり、ＱＯＬの向上に役立つでしょう。

いつもはできないことができたときに言ってしまいがち

To 利用者

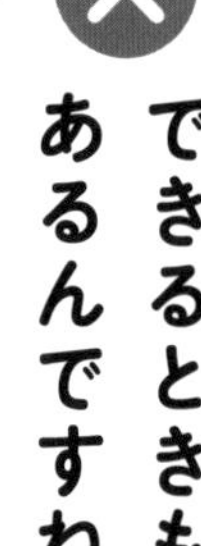

できるときもあるんですね！

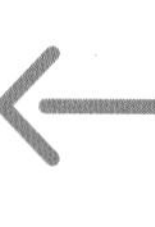

〇〇ができましたね！

できたことだけに焦点を当てて喜びを共有する

いつもはうまくできない動作ができたときなどに、一緒に喜んだり、褒めたりするつもりで使ってしまいがち。

しかし、できないときと比較してしまうのはNG。たとえその気がなくても、ネガティブで、嫌味っぽいニュアンスで受け取られやすいので避けましょう。「やればできるじゃないですか」も同様に避けたいフレーズです。

意外性を感じたときに言ってしまいがち

To 利用者

× そんなことも知っているなんて意外です

→

◎ 何でもよくご存じなんですね

「意外」というのは勝手なイメージ

専門知識や若者の流行を知っている利用者に対し、「この人がこんなことを知っているなんて……」という驚きから言ってしまいがち。

しかし、それは私たちの勝手なイメージに過ぎません。

また、「意外」という言葉は、見下しているようにも感じられます。**「何でもよくご存じなんですね」**と敬意をもって伝えましょう。

若々しさを伝えたいときに
言ってしまいがち

To 利用者

年齢の割に若く見えます

いつも生き生きしてお元気ですね

年齢・見た目・性別に言及して褒めるのはNG

年齢に対する価値観は人それぞれです。原則として、年齢を引き合いに出して褒めるのは避けましょう。

また、人の外見に価値を置く「ルッキズム」を嫌う人もいますので、見た目を褒めるのもNG。**その人の雰囲気などを褒める**とよいですね。

そのほか、「女性（男性）なのにすごい」など、性別に言及するのも当然NGです。

気づきを褒めたいときに言ってしまいがち

To スタッフ

よくそんなところまで気がつくね

←

気を配ってくれて、助かるよ

「よく」のネガティブなニュアンスに注意

利用者さんの些細な変化や、書類上の細かなミスなどを指摘するスタッフに言いがち。言い方に気をつけないと、「そこまでしなくてもよい」という嫌味にも聞こえます。

それにより、スタッフが指摘するのを遠慮してしまうと、重大な事故につながる可能性があります。**些細なことでも報告しやすい雰囲気をつくり、感謝を伝える**ことが大切です。

成長を褒めるときに
言ってしまいがち

To
スタッフ

×
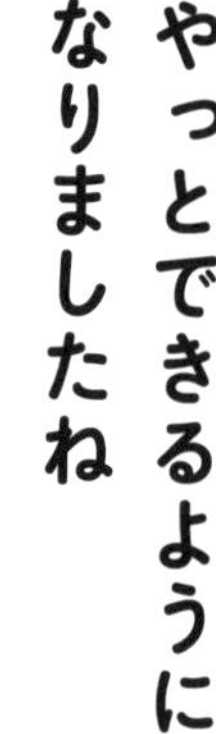

やっとできるように
なりましたね

◎
○○の部分で
成長しましたね

時間がかかったこと には触れない

「やっと」「ようやく」といった表現を使って褒めてはいけません。言った側は成長過程を認めるつもりであっても、言われた側は時間がかかったことを責められているように受け止めてしまいます。

評価したい思いが逆効果にならないためにも、**できるようになったことを具体的に伝え、成長できた部分を称賛する**ようにしましょう。

評価が上がったときに言ってしまいがち

To スタッフ

×
見直したよ

◎
この仕事を任せられるようになってうれしい

評価を改めたことは言わなくてよい

「見直す」は、褒め言葉として使いがちですが、もともと評価がよくなかった人に対して認識を改めた、という意味ですので、よく思わない人もいるでしょう。

また、漠然と「見直した」とだけ言われても、何に対する評価かわからず、嫌味に聞こえてしまうこともあります。

褒めた理由と気持ちを具体的に伝えるようにしましょう。

部分的に褒めたいときに言ってしまいがち

To スタッフ

悪くない意見だね

↓

○○という着眼点はいいね

改善点があってもよいところは褒める

「悪くない」という言葉は、「よい」と近い意味で使う人もいれば、「まずまず」の意味で使う人もいるでしょう。

しかし、**よいと思う部分があるならば、それを具体的に伝える**ことが大切です。パーフェクトではない場合は、褒めたあとで改善点や意見を述べるなど、よい点と改善点のメリハリをつけて伝えると、相手も納得感が得られます。

日頃の感謝を伝えるときに言ってしまいがち

いつもすみません

→

○○さんのおかげで助かっています

ポジティブな言葉で感謝を伝える

日頃から進んで仕事を手伝ってくれたり、細やかな気配りで支えてくれたりするスタッフに対して、あいさつや口癖のように×の言葉を言っていませんか。

「すみません」には「感謝」だけでなく、「申し訳ない」というネガティブな意味もあります。**よりポジティブな言葉で感謝を伝えたほうが好感をもってもらえる**でしょう。

To 家族

頑張りを褒めるときに言ってしまいがち

×

弱音や愚痴もなく、偉いです

←

◎

辛いことがあれば、いつでもお話しください

弱音や愚痴が言いやすい雰囲気をつくる

人は誰しも、他人に弱みを見せられるとは限りません。むしろ、「何とか体面を保ちたい」と気持ちを押し殺して、頑張ってしまう人も多いものです。それは、要介護者を抱える家族も同じことでしょう。

家族介護者は、多かれ少なかれ心身の負担があるものです。それを周囲に悟られないようにいつも明るく振る舞っている人に対し、その明るさを褒めてしまうと、逆にプレッシャーにつながってしまうこともあります。

「常に明るく振る舞わなければならない」「弱みを見せてはいけない」と思い込み、悩みや愚痴を言いづらくなってしまう危険性もあるので、大変さに寄り添う態度を示したいですね。

家族には、その都度、**「何かあればいつでも話してください」と伝える**ほか、実際の相談につながるように、**利用者の状況などから話の糸口を探る**ことも効果的です。

実際に会って話す時間は限られていますが、ちょっとした雑談でも家族の気持ちが晴れることがあります。また、**「いざというときに相談できる相手がいる」「精神的なよりどころがある」と感じてもらう**ことも大切です。

無理に話してもらわなくてもＯＫ。温かく、相談しやすい雰囲気をつくりましょう。

日頃の感謝を伝えるときに
言ってしまいがち

To 家族

✕
ありがとうございます

◎
いつもご協力
ありがとうございます

お礼プラスアルファで
より感謝を伝える

感謝を述べるときは、お礼の言葉だけでなく、**「いつも」など、頻度を表す言葉をプラスする**と、より気持ちが伝わりやすくなります。

ほかにも、利用者の生活に役立つ物品を持ち込んでもらったときなどに**「〇〇のときに役立ちますね！」「この前のアレ、重宝しています」といった言葉を併せて伝える**と、喜びが相手に伝わります。

第5章

注意・助言

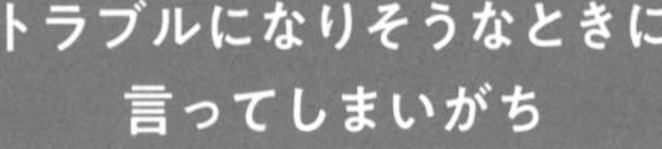

To 利用者

✕

↓

○

どうされましたか?

責めずに寄り添う姿勢で

利用者同士のトラブル防止や安全に十分に配慮するのは、介護職として当然のことです。すると、利用者にやめていただかなければいけない行為も出てきます。

とはいえ、認知症の影響や勘違いから、利用者はそうした行為に及ぶ場合が少なくありません。たとえ、丁寧に説明したとしても、意図が正確に伝わらないことも多いでしょう。そんなとき、介護者に余裕がないと、つい強い口調で注意しがちです。

しかし、利用者は、「当たり前のことをしているだけ」と思い込んでいたり、「これくらいなら大丈夫」と考えているかもしれません。介助をお願いしたくても、忙しそうにしているスタッフに声をかけられず、自分で判断して動くこともあるでしょう。

利用者にも当然自らの意思があります。すべての行動を管理することなど到底できませんし、すべきではありません。

介護現場では、**トラブルに発展しないように目を配り、事前に防ぐ**ことが大切です。しかし、その際に責めるような口調で強くたしなめてしまうと、不安や混乱を大きくしてしまったり、間違えたことや強く叱責されたことで自信をなくして、活動する意欲さえ奪ってしまいかねません。

利用者の意向を尋ね、トラブルにならないようサポートするのが望ましいでしょう。

危険な行為を見かけたときに
言ってしまいがち

それはダメ！

**○○して
いただけますか？**

やめてほしいことは「依頼形」に言い換える

この言葉もほかの利用者に迷惑がかかる行為や危険な行為などをする利用者に対し、つい言ってしまいがちです。

25ページでもお伝えしたとおり、「ダメ」というネガティブワードで注意されると、言われた内容を素直に受け入れ難くなります。受け入れてもらうためには、**「○○してもらえますか？」と、依頼形に言い換える**のがおすすめです。

突飛なことを言われたときに言ってしまいがち

To 利用者

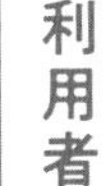

勘違いですよ

←

一緒に確認しましょう

たとえ信じ難い話でも寄り添う姿勢で

認知症による影響で、現実離れした話や想定しがたい話をする利用者に言ってしまいがち。注意ではなく、安心してもらおうとして口にする人もいるでしょう。

しかし、当事者本人にとって、それは事実です。否定されると余計に不安になるでしょう。**寄り添う姿勢で可能な限り一緒に確認し、安心してもらう**ことが大切です。

注意を促すときに
言ってしまいがち

To
利用者

✕
そこ、危ないですよ

↓

◎
足元の段差に気をつけてください

何に注意をすればよいのかをわかりやすく

「そこ、危ないよ」と指示語だけで注意を促す人がいますが、何がどう危ないのかがわかりません。「そこってどこ?」と思っているうちに、けがをすることもあります。

利用者は加齢などにより、視野が狭くなったり、注意力が低下していることが多いです。しっかりと危険を認識してもらえるよう、**注意点を具体的に伝えましょう**。

食事が進んでいないときに言ってしまいがち

To 利用者

✕ 全然食べてないじゃないですか

→

◎ あまり食欲がありませんか？

優しく体調を尋ねる声かけを

職員の心配から出た発言だとしても、言われた側は責められているように感じます。

これが続くと、食べられないことにプレッシャーを感じてしまい、さらに食欲低下のスパイラルに陥ることも。

まずは**状況を確認し、不安にさせない**ことが大切です。日によって食欲が変わることは当たり前なので、優しく状況を尋ねましょう。

指導をするときに言ってしまいがち

To スタッフ

常識だよね？

→

わからない点を教えてください

「一般化」で相手を威圧してはいけない

「常識では」「一般的には」「普通は」「世間では」「みんなは」といったフレーズはすべて、「一般化」と呼ばれるものです。

一般化は、不特定多数の加勢を得るような表現で、大多数の人が知っている・できる・同じ考えをもっている、というニュアンスをもたせることで、相手を威圧し、服従させようとします。自分の意見を伝えるときに、その正しさを相手に理解してもらおうとして使いがちです。

こうした表現は、ハラスメントにつながりやすいです。それにもかかわらず、口癖になっている人も多いので注意しましょう。

職場では、「これくらいは知っておいてほしい」という思いから言ってしまいがちですが、「この程度のこともわからないのはおかしい」と相手を卑下する嫌味も含むことがほとんどでしょう。

指導には、少なからず職位や経験などの力関係が影響するので、教わるときにプレッシャーを感じる人もいます。不必要に相手をおとしめてはいけません。

業務を遂行できるようになってもらうには、まず、後輩や部下の**わからないことや困っていることを丁寧に確認する**ことが大切です。その点をはっきりさせてから、具体的にわかりやすく指導するように心がけたいですね。

してほしいことがあるときに言ってしまいがち

To スタッフ

こうするべきだよね

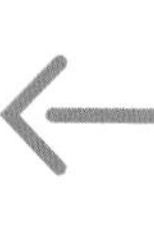

こうしてください

「べき論」は相手も自分も苦しめる

「べき論」は、それ以外は認めない、という融通の利かない論調であるため、言われた相手だけでなく、言った本人も追い詰めます。

理想像に固執すると、そうでない相手が許せず、フラストレーションを抱えがちになります。考えを一方的に押しつけられた相手からは反感を買うので、**してほしいことを素直に伝える**のがよいですね。

同じことを注意するときに言ってしまいがち

To スタッフ

何度言ったらわかるの？

←

必ず〇〇を確認してください

わかってほしいときこそ丁寧な指導を

こうした威圧的な態度は、トラブルの原因になることも。理解してくれないことへのもどかしさは理解できますが、責めるだけでは解決しません。

そのほか、「読めばわかるよね」と問い詰めたり、「だから言ったのに」と相手を蔑んだりするのもＮＧです。

大切なのは、**次から確実にできるように具体的に指示をする**ことです。

あらかじめ相談してほしかったときに言ってしまいがち

To スタッフ

そんな話聞いてないけど

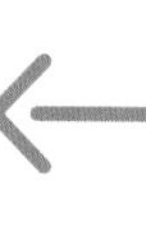

重要なことは、事前に相談してください

粗探しをしても解決はしない

相手の行動を非難するだけでは、問題の解決には至りません。ミスやトラブルが起きたときこそ、「今後どうすればよいか」に意識を向けます。

相談がなかったことに不快感を示すのではなく、**相談が必要である理由を伝え、「今後は必ず相談してほしい」と伝えましょう**。同時に、自分が相談しづらい空気を出していないかも確認します。

やめてほしいことがあるときに言ってしまいがち

To

スタッフ

私じゃなかったら怒ってるよ

それはやめてください

やめてほしいことはまっすぐ伝える

部下や後輩の直してほしい点を指摘する際に、このような言い方をする人がいます。

自分を悪者にしたくないからだと思いますが、言われた側は素直に言葉を受け止めることができません。信頼感も得られないでしょう。

指摘したいことは、**真摯に相手に向き合って**、**自分の思いとして伝えます**。毅然とした態度を示すことも大切です。

面会時間を守ってもらえないときに言ってしまいがち

To 家族

✕ 面会時間外に来ないでください

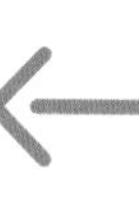

◎ 今後は面会時間内にお越しください

角が立たないよう、今後の提案をする

面会時間を守らない家族への注意は、今後の提案というかたちにすることで、角が立ちにくくなります。

また、特別な理由がない限りは、「今回限りですよ」と**例外を認めてしまうことのないようにする**ことも大切です。

一度例外を認めると、次も大丈夫だろうと思われてしまうので、毅然とした対応も必要です。

ルールを守ってもらえないときに言ってしまいがち

To 家族

×

ルールなので、やめてください

←

◎

○○のため、ご遠慮ください

ルールの理由を端的に伝える

施設のルールを守らない家族への注意は、「やめて」と言うだけではなく、必ず理由も説明してください。

家族は、「これくらいよいだろう」と勝手に考えてしまうことも多く、なぜそのルールがあるかをはっきりと理解していないこともあります。

口頭で伝えるだけでなく、文書などを提示しながら確認することも必要です。

助言したいときに言ってしまいがち

もっとこうしたほうがいいですよ

こういったやり方もありますよ

「こんな方法もある」という姿勢で

家族が介護をしている姿をみると、つい専門職として助言したくなるもの。適切な介護の方法を知ることは、利用者にも家族にも有益ですが、伝え方を間違えると、反発されるおそれもあります。

上から目線で指示するように助言するのではなく、**あくまで提示というかたちで、「こういった方法もある」と伝える**ようにしましょう。

第6章

謝罪・反省

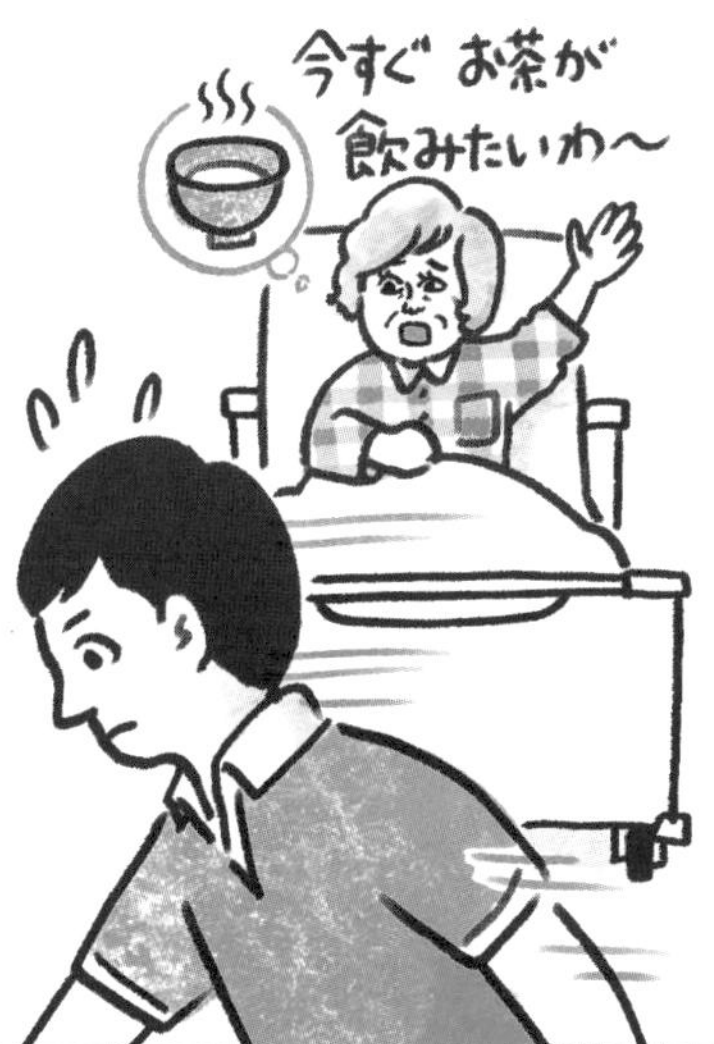

要望にすぐに対応できないときに言ってしまいがち

To 利用者

✕

ほかにもお待ちの方がいますので

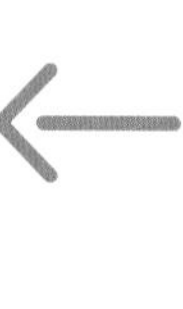

◎

申し訳ございません。○分ほどお待ちください

「お詫び」と「目安」を伝える

利用者から要望があり、「今すぐして」「早くして」と言われても、ほかに優先して対応すべき人・ことがある場合、その人だけを優先することはできません。「具合が悪い」など、急を要する場合以外は、平等性を保つ必要があります。

そこで、「ほかにもお待ちいただいている方がいるので」などと、正当な理由を述べて、それを利用者に理解してもらおうとしがちですが、これは逆効果です。「みんな大変なんだから、あなたも我慢してくださいい」という同調圧力的な説得と受け取られ、かえってないがしろにされたと思われてしまいます。

まずは、**要望に応えられないことに対しての「お詫び」を伝えましょう**。そのうえで**「目安」を伝える**ことができると、さらによいですね。どんな物事も「ゴール」が見えていると、人は落ち着くものです。**「5分お待ちいただけますか」「これが終わったら、すぐに対応しますね」**など、ある程度、具体的な目安を伝えると理解してもらいやすくなります。

ただし、目安がわからない場合は、無理に伝える必要はありません。期待をもたせたにもかかわらず、大幅に遅れてしまう、あるいはできないとなれば、不信感を抱かせてしまうからです。

怒らせてしまったときに言ってしまいがち

それくらいで怒らないでください

配慮が足りず申し訳ございません

人の怒りを軽く扱わない

職員の立場からすると、些細なことにこだわって怒っていると感じる利用者はいるでしょう。しかし、その人にとっては、とても気になることだったかもしれません。

怒らせてしまったときは、**気分を害した理由を聞き、受け止めましょう**。それだけでも気持ちは和らぐものです。

もちろん、**自分に非があることは率直に謝りましょう**。

後から不満を伝えられたときに言ってしまいがち

To 利用者

嫌ならそう言ってくれればよかったのに

↓

気がつかず申し訳ございません

自分の不手際を相手の責任にしない

利用者が自分のかかわり方に不満があることを後から知ったときに言いがちです。「その場で言ってほしい」という気持ちは理解できますが、利用者に責任転嫁するのはNG。遠慮や言語化に困難があったのかもしれません。

利用者が何らかのかたちで不快感を示していた可能性もあるので、**配慮が足りなかったことを謝りましょう**。

ミスをしたときに言ってしまいがち

To スタッフ

✕

そもそも無理がありました

◎

申し訳ありません。こんな状況がありました

謝罪をし、事実を伝える

仕事でミスをしてしまったり、期限を守れなかったりして、謝罪をしなければならないときに言ってしまいがちです。

たとえ、完遂が難しい仕事であったとしても、「そもそも無理があった」と責任逃れをする言い方はＮＧ。引き受ける時点でわかっていたのであれば、そのときに相談しなければいけません。

不本意な出来事により、業務上のミスなどが生じた場合でも、その報告を不平不満から話し始めるのは適切ではありません。自分の感情から話し始めると、「言い訳をしている」と認識されやすいからです。

まずは仕事を果たせなかったことを**謝罪し、何があったのか、事実を伝える**ようにしましょう。

事実関係から話すと、相手は「説明を受けている」という認識に変わりますので、話を聞いてもらいやすくなるでしょう。

そのうえで、「自分には難しい仕事だった」と気持ちを吐露するぶんには構いません。話す順序に配慮することが大切です。

ただし、説明をする際は回りくどい言い方を避けて、**要点のみを簡潔に伝える**ようにします。説明が長いと、一生懸命に伝えても「言い訳」ととらえられてしまうので、気をつけてください。語気を強めずに、穏やかに伝えることも心がけましょう。

ミスをしたときに言ってしまいがち

To スタッフ

✕ そんなつもりはなかったんです

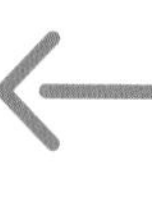

◎ ○○を優先したため失念しました

何があったのかを正確に伝えて謝罪する

事故やトラブルの際に必要なのは、**事実関係の説明**です。**何があったのか、何をしたのかを明確に伝えましょう。**

自分なりの思いもあるかもしれませんが、その思いを先に伝えると、言い訳と受け取られます。真摯にミスに向き合うほうが誠実といえます。

さらに、今後はどのような対策を講じるかを伝えるとベターです。

トラブルが起きたときに言ってしまいがち

To スタッフ

これって私は悪くないですよね？

十分な意思疎通ができていませんでした

自己主張より振り返りを

スタッフ間の連絡の行き違いなどから事故やトラブルが起きたとき、真っ先に「自分は悪くない」と責任逃れの発言をする人がいます。自分が原因でない場合、そのことを主張したい気持ちはわかりますが、かえって印象が悪くなってしまいます。

トラブル回避のために必要なのは、**自己の振り返りと**、**今後の方策を考える**ことです。

注意されたときに言ってしまいがち

○○さんだって
やってますよ

改善します

自分の間違いにのみ目を向ける

注意されたときに、「なぜ自分だけを指摘するのですか？　ほかのスタッフも同じことをしていますよ」と口に出してはいけません。

気持ちはわかりますが、行いが間違いであれば、ほかの人がしているかどうかは関係ありません。

改善する必要があるならば、その**注意を素直に受け入れたほうが成長にもつながります**。

認識が食い違っていたときに言ってしまいがち

To スタッフ

そんなに大事なことだったんですか

重要度が認識できていませんでした

認識の違いを他人のせいにはしない

大事な仕事だと気づかずに後回しにしたり、雑に処理してしまうことはよくあります。

しかし、重要性を伝えなかった相手のせいにしたり、他人事のように扱うのはNG。**確認を怠ったこと、認識ができていなかったことを認めましょう**。認識違いがあったならば、それを反省する姿勢を示すと、信頼回復につながります。

謝罪をするときに言ってしまいがち

To
家族

すみません

大変申し訳ございませんでした

謝罪の意を最大限伝える言葉づかいを

「すみません」「ごめんなさい」はライトな言葉づかいです。親しい間柄の人に使うぶんには問題ありませんが、利用者の家族にお詫びをする場面では不適切です。

言われた相手は、軽く扱われたと思い、怒りが増幅してしまうこともあります。

マイナス感情を抱えた人へのお詫びは、**最大限の誠意をもって伝えましょう**。

すれ違いが起きたときに言ってしまいがち

To 家族

✕ そうお感じになられたのなら、すみません

→

◎ ご不快な思いをさせてしまい、申し訳ございません

思い違いがあっても割り切って謝る

自分の真意や意図が相手に伝わらず、曲解されてしまったときに言いがちです。

ムッとして、こうした言葉を投げかけてしまいますが、険悪なムードが漂い、お互いに嫌な思いをするだけです。

わざわざけんかを売るような言い方はせず、割り切って**不快な思いをさせた事実に絞り、謝罪する**ほうが禍根が残らないでしょう。

同じことを尋ねられたときに言ってしまいがち

To 家族

以前も説明しましたが

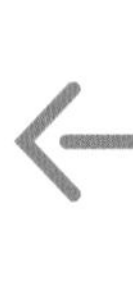

説明がわかりづらく、失礼いたしました

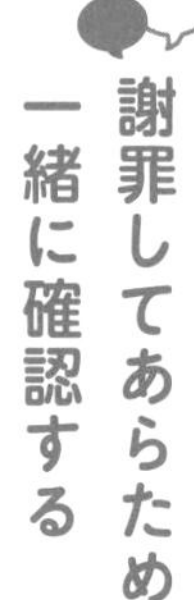

謝罪してあらためて一緒に確認する

何度も同じことを聞かれたときに、言いがちな一言です。前にも説明した、と言いたくなる気持ちはわかりますが、そうすると、「理解できないあなたに問題がある」という意味にもとれ、見下しているように感じられます。

専門用語が含まれているならなおさら、**1、2回の説明だけで理解するのは難しいものと心に留めておきましょう。**

第7章

励まし・共感

積極的に頑張ってほしいときに言ってしまいがち

To 利用者

みなさん
頑張っていますよ

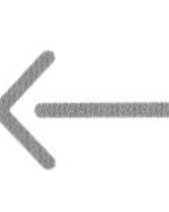

◎

○○さん、
頑張っていますね

努力を認め、共感する

励まされたり、共感してもらうことは心のエネルギーになります。自分の頑張りを「知ってくれている」「見てくれている」「認めてくれている」と感じると、さらなるモチベーションにつながります。自分のことを理解してくれる存在がいるだけで、人は安心するものです。

励ますときに注意したいのは、「みんな」という言葉を使わないことです。便利な言葉なのでつい使いがちですが、人は他人と一緒くたにされたり、比較されるより、「自分自身」を見て声かけをしてほしいもの。「みんなも頑張っているのだから、あなたも頑張って」と、「みんなの当たり前」を前提として、**他人と比較するような発言を避ける**ことが大切です。

そのため、リハビリやケアの場面で励ましたり、共感したりするときは、**その人自身にフォーカスした言い方**ができると効果的です。

一方、利用者のほうから「みなさんはどうなのですか?」と聞かれたときは、**「人それぞれですよ。〇〇さんのご希望をお聞かせください」と本人の声に耳を傾けます。**

励ましには、相手の力になりたいという思いがある一方、「もっとこうすべき」と相手を変えようとする意図が含まれることもあります。知らず知らずのうちに押しつけないように気をつけたいですね。

リハビリを頑張ってほしいときに言ってしまいがち

✕ 歩けなくなってもいいんですか？

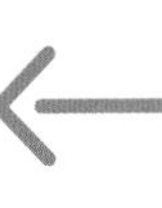

◎ 少しずつ足の動きがよくなっていますよ

脅すのではなくできたことを認める

日々の活動やリハビリへのモチベーションが低い利用者を鼓舞するときに、脅すような言葉を使ってはいけません。

モチベーションを上げたいときは、些細な変化でもよいので、これまでの**リハビリの効果や改善されたことなどを伝えて努力を認めましょう**。

「この調子で続けましょう」と、明るくポジティブに励ませるとよいですね。

悩みを打ち明けられたときに言ってしまいがち

To 利用者

✕ 気にすることはないですよ

→ ◎ ○○が気になるんですね

他人の悩みは否定しない

悩みを抱える利用者の心の負担を軽くしようと思って使いがちですが、こうした声かけは、本人が気にしていることと自体を否定することになりますので、注意が必要です。

他人から見れば、小さな悩みに思えても、本人にとっては大きな悩みかもしれません。

悩みを評価したり、意見やアドバイスをしたりせず、耳を傾けて受け止めましょう。

元気を出してほしいときに言ってしまいがち

✕ 元気を出しましょう

◎ ○○さんのお顔を見ると、元気になります

元気になるように要求するのはNG

落ち込む利用者に「元気を出して」と要求するような励ましをしていませんか。

しかし、そう言われても人は元気になれないもの。誰かに元気になってほしいときは、自己肯定感を高めてもらうことが大切です。

元気のない状態を否定せず、**存在そのものが周囲にポジティブな影響を与えていることを伝える**とよいでしょう。

失敗した人を慰めるときに言ってしまいがち

To スタッフ

×

大丈夫。あの人はもっとひどかったよ

←

◎

よくやっていると思うよ

励ますときは他人と比べない

失敗して利用者を怒らせたり、介助がうまくできずに落ち込んでいるスタッフに対し、それよりも悪い状況や人を引き合いに出して励ましても、何の慰めにもなりません。

他人と比較された相手は、「自分を見てくれていない」と感じます。比較対象によっては、自尊心が傷つきます。

励ますときは、本人の行動や姿勢にのみ触れましょう。

悩んでいる人を励ますときに
言ってしまいがち

To
スタッフ

何とかなるよ

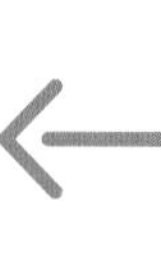

どうすればよいか一緒に考えよう

根拠のない励ましは無責任

悩んでいる人に対し、根拠のない励ましをしても、「他人事と思って真剣に聞いてくれていない」と思わせるだけ。

相手を本気で励ましたいならば、**悩みに耳を傾け、寄り添う姿勢を示しましょう**。

悩みの原因や解決策の多くは、気づかないだけで本人のなかにあるもの。悩みを言葉にしてもらうと、それに気づいてもらいやすくなります。

悩みに共感したいときに言ってしまいがち

To スタッフ

大変ですね

○○なんですね

ありきたりな一言でまとめない

人は、自分の状況や気持ちを理解してほしいと思いながら他人とかかわります。**「こんなことがあった」「こんな気持ちになった」ということを理解してほしい**のです。

それにもかかわらず、自分の苦労を「大変」というありきたりな一言でまとめられたらどう感じるでしょうか。

薄っぺらな同情と受けとられてしまうかもしれません。

自信をもってほしいときに
言ってしまいがち

×
自信をもちなよ

◎
あなたにはこんなよさがありますよ

自信をもてる根拠を伝える

よく使われる「自信をもって」という言葉は、力強く励ます印象がありますが、根拠がないと相手には響きません。

誰かに自信をもってほしいときは、その人の**強みを的確に褒めて励ましましょう**。その人に抱く**ポジティブな印象を伝えてもよい**ですね。

具体的に伝えることで、真実味を帯び、その人の自信につながりやすくなります。

前向きになってほしいときに言ってしまいがち

To スタッフ

落ち込んだって何にもならないよ

↓

落ち込むよね。無理はしないで

落ち込むことは回避できない

過去の失敗や嫌な出来事で落ち込んでも仕方がないことは、本人もわかっているはず。それでもなお、落ち込んでしまうのだから、回避できるものではないのでしょう。

それにもかかわらず、他人に「落ち込んでも何にもならない」と指摘されると追い詰められ、いら立ちを感じます。

「無理に前向きにならずとも大丈夫」と伝えたいですね。

「もっとできるはず」と思ったときに言ってしまいがち

To 家族

○○さんのために
もっと頑張りましょう

頑張られましたね。
私にも
協力させてください

日々の苦労をねぎらい、寄り添う

これまで、日々介護に追われて頑張り続けてきた家族に対し、さらに「頑張れ」はNGです。

利用者の家族に対し、「もう少しこうしたらよいのに」「もっとできるはず」と思うこともあるでしょう。しかし、介護職が見ている家族の姿は、一面に過ぎません。ふだん接する際はわからなくても、現実は心身ともに疲弊しており、限界に達している場合も少なくありません。

そのため、**積極的に日々の努力や苦労をねぎらう言葉をかけたいところです**。「よく介護されていますね」「本当に頭が下がります」など、これまでの献身を認める声かけや、心のこもったねぎらいの言葉が家族の気持ちを支えることにもなります。

現実問題として、家族の頑張りが必要なこともあるでしょう。しかし、**介護職として手伝えることがないかを模索・提案し、相談できる場やサポート体制があることを折に触れて伝える**ことが大切です。もちろんその場ですぐに相談してくれるとは限りませんが、心にかけてくれている人がいるという事実が安心感につながります。

介護をしている家族は、精神的にも孤独・孤立に陥りやすいので、見守られていることを実感してもらえるような声かけを大切にしましょう。

苦労した経験に共感したいときに言ってしまいがち

To 家族

それはがっかりしますね

そんなことがあったんですね

ネガティブ感情は安易に言語化しない

苦労話などを聞くと、その思いを想像し、理解を示したいと思う人も多いでしょう。

しかし、その苦い経験をたった一言のネガティブワードでまとめると、相手は、「わかった気になるな」と不快になったり、ネガティブワードに影響され、マイナスな気持ちになることがあります。

否定も評価もせず、そのまま受けとめましょう。

第8章

誘い・提案

入浴に誘うときに言ってしまいがち

To 利用者

×

時間なので、お風呂に行きますよ

◎

お風呂はいかがですか？さっぱりしますよ

ルーティンでも意思の確認を

食事や入浴など、ルーティンを知らせる声かけは、日々何度も繰り返されるからこそ、大切なかかわりです。

人は誰しも、入浴や食事など、生活をするうえで必要な行為に対し、面倒だと思うときがあります。特に高齢者は、身体の調子や気分によって、そうした行為に対し、後ろ向きになることも多くあるでしょう。認知症により、行為の必要性が理解しづらい場合などはなおさらです。

そんな利用者に対し、指示したり、強制するような言い方で誘うと、かたくなに拒否されてしまうことがあります。説得するのも一苦労で、介護職は余計なエネルギーを使い、時間もかかってしまいます。

こうした事態を防ぐためには、利用者に主体的に動いてもらうことが大切です。すると、本人だけでなく、介護職のストレスも軽減されます。

そのための鍵は、**相手の意思を確認する声かけ**です。さらに、**よいイメージを抱く言葉をプラスする**とより効果的です。

たとえば、「今日は暑かったので、汗を流すとさっぱりしますよ」「寒いので、身体を温めましょう」など、ポジティブなイメージを伝えると、「前向きに取り組もう」「楽しみだ」という気持ちにつながりやすくなります。

生活リハビリに誘うときに言ってしまいがち

一緒に洗濯物をたたみましょう

助けていただけるとうれしいです

自己肯定感を高める言葉で誘う

リハビリの一環として、洗濯物たたみなどに利用者を誘うことがあると思います。

しかし、形式的に誘うだけでは、意欲が高くないときは「面倒だからしたくない」などと拒否されてしまいます。

「○○さんに助けてほしい」「○○さんの力が必要」など、**存在を必要としていることを伝える**と、役割意識が芽生え、意欲アップにつながります。

レクに誘うときに言ってしまいがち

To 利用者

✕ 皆さんレクに参加していますよ

←

◎ レクに参加してみませんか？　○○が楽しいですよ

楽しそうなイメージができる情報を伝える

利用者も単に誘われただけでは、モチベーションが上がらないことがあるでしょう。ましてや、「皆さん参加している」という誘い文句は、「ほかの人に合わせて参加して」という強制にも聞こえます。

大切なのは、利用者の意思で参加してもらうこと。意欲的に参加できるよう、**具体的にポジティブなイメージができる情報を提供しましょう。**

活動に誘うときに言ってしまいがち

To 利用者

✕ ○○をしてください。××さんのために言っているんです

◎ ○○をすると、こんな効果があるんですって

「あなたのため」は基本的におせっかい

「その人にとって何がいいのか」を常に考えているスタッフだからこそ、言いがちな「あなたのため」という言葉。

しかし、それをおせっかいと感じたり、支配されているように感じる人もいます。

効果が感じられる活動については、その**ポジティブな効果を伝えて誘いましょう**。効果を実感してもらうと、さらに活動への意欲が高まります。

気持ちの切り替えを促すときに言ってしまいがち

To 利用者

気分転換に○○しませんか

よろしければお気持ちを聞かせてください

気持ちの切り替えが難しいときもある

気分転換を提案するのは悪いことではありませんが、思い悩んでいる利用者のなかには、提案を受け入れられない人もいます。気にしていることへの気持ちが強いほど、気を逸らすのは難しいでしょう。

そんなときに何度も誘ってしまうと、悩みを軽く扱われているようにも感じます。

ときには、**話を聞くことに重きを置く**ことも大切です。

耳が痛いことを提案するときに言ってしまいがち

To スタッフ

×

言いたくないけど、
こうしたほうが
いいんじゃない？

→

◎

こうすると
もっとよくなると
思うんだけど、どう？

保険をかけると、かえって好感度ダウンに

スタッフ同士で業務に関する提案をすることは多くあります。そのなかには、相手のよくない行動に対し、改善を促す提案も含まれることでしょう。そんなとき、「こんなこと言いたくないけど」という前置きの表現を使ってはいませんか。

この表現には、「言いたくないことだけど、あなたのために仕方なく言うよ」という意味が含まれており、相手にとって「耳の痛いこと」を言う自分を擁護する気持ちから使ってしまいがちです。

さらに、「これから嫌なことを言うよ」という警告にも聞こえます。威圧感もあるため、相手は身構えてしまうかもしれません。すると、真意が伝わりにくくなったり、言い方によっては、馬鹿にしたり、見下したような嫌味としてとらえられます。「言いたくないなら言うな」という反発も生まれることでしょう。

何かを提案したいときは、素直に受け入れやすいよう、**現状を否定せずに「こうするともっといいよ」「さらによくなるよ」というニュアンスで伝える**ことが大切です。

相手のやり方や考え方を尊重する姿勢も大切です。一方的な投げかけではなく、**相手の考えを確認する問いかけをしましょう**。お互いの考えがわかると、さらによいアイデアが見つかるかもしれません。

資格取得を勧めるときに
言ってしまいがち

To スタッフ

× 介護福祉士くらいとらなきゃだめだよ

←

◎ 介護福祉士にチャレンジしませんか

「チャレンジ」でモチベーションアップ

よかれと思って資格の取得を勧めるときに、強制するような言い方や、「○○しなくてはだめ」と決めつけるような否定表現をしてはいけません。鼓舞するつもりが、かえって反発を招きます。また、資格がない人を見下しているようにも感じられます。

人に何かを勧めるときは、**モチベーションが上がる表現や言葉をチョイスしましょう**。

協力を申し出るときに言ってしまいがち

To スタッフ

手伝ってあげようか?

←

2人で一緒に頑張ろうよ

「一緒にしよう」で好感度アップ

使いがちな「してあげる」という表現。しかし、やや上から目線で、恩着せがましい印象があるでしょう。

もちろんそうした意図がないことも多いですが、お互いに気持ちよく協力し合うためには、**「一緒にやろう」という姿勢を示す**とよいです。

相手に好感をもってもらうと、自分が困っているときも助けてもらいやすくなります。

冷静に話し合いたいときに言ってしまいがち

To 家族

落ち着いて話しませんか？

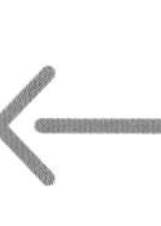

お話を整理させていただきます

主張を真摯に受け止める

クレームなどを興奮して話す相手に対し、「落ち着きましょう」と提案するのは悪手。

自分の主張が他人事のように扱われたと感じ、怒りが増長することも。「論点のすり替え」のようにも感じます。

大切なのは、しっかりと**主張を受け止めていると伝える**こと。主張の内容（事実）の確認へと視点を移すことで、感情論からも脱却できます。

面会に来てほしいときに言ってしまいがち

To 家族

お父様が寂しがっていますよ

よろしければ、様子を見に来ませんか？

自分たちが知らない家族の事情があるかも

面会に来ない家族に対し、罪悪感をあおるような言い方をするのは、禍根を残すだけ。

多忙で時間をつくれない、利用者との間に確執があって避けているなど、表面的にはわからない家族の事情もあるので、配慮が必要です。

「会いに来ていただければ、喜ばれると思います」も同様にNG。あくまでも、**お伺いを立てるスタンスが原則**です。

行事に参加してほしいときに言ってしまいがち

To 家族

行事に参加しませんか？

←

行事は見に来ていただくだけでも楽しいですよ

できるだけ参加のハードルは下げる

施設のなかには、利用者の家族に行事に参加してもらうところも多いでしょう。

しかし、働いている家族だと、スケジュールの調整が難しかったり、ほかの利用者や家族の方々と交流することを苦手とする方もいます。

そのため、**「短時間でも、見るだけでもＯＫ」と、ハードルを下げて参加を呼びかけるのも一つの方法**です。

第9章

質問

利用者が困っているときに言ってしまいがち

何に困っているのかを具体的に尋ねる

「大丈夫ですか？」と聞かれると、とっさに「大丈夫」と答えてしまったり、「些細なことだから」と遠慮して困りごとを伝えられない人は多くいます。

また、質問には答えやすいものとそうではないものがあります。答えにくい質問の一つが漠然とした問いです。「大丈夫ですか？」「何か困りごとはありますか？」などの質問は答えの範囲が広く、何と答えればよいか迷います。身体的、精神的な困りごとを多く抱える利用者のなかには、何から答えるべきかわからない人もいるでしょう。

利用者の困りごとを理解したいときには、**ある程度、その人の困りごとを推測し、具体的に質問する**ことが大切です。

たとえば、食べ物を箸でうまくつかめない利用者に対しては、「お箸の使い勝手で困っていませんか？」と質問すると、「箸がうまく持てなくて……。できるだけ箸を使いたいけれど、大きいスプーンも添えてもらえる？」といった具体的な回答を得やすくなります。場合によっては、「握りやすいスプーンをお持ちしましょうか？」と意向を尋ねてもよいでしょう。

しかし、意向を尋ねる前に「箸は使えないから、スプーンを使って」と一方的に決めつける声かけは、自尊心を傷つけたり、本人の力を奪うことになるためＮＧです。

利用者が食事を食べないときに言ってしまいがち

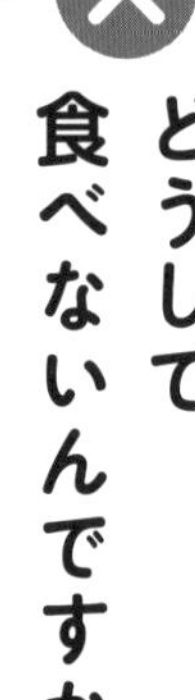

お好きな○○がありますよ。召し上がりませんか

食べたいと思ってもらうことが第一

「どうして」「なんで」は、言われた人が責められたように感じるデンジャラスワード。

本来、食べるかどうかは本人の自由であり、他人に責められるものではありません。

とはいえ、利用者の健康を考えると、食事は摂ってもらいたいもの。**認知機能やその日の体調などに配慮しながら、利用者に食べたいと思ってもらう工夫**が大切です。

もしもの備えをしたいときに言ってしまいがち

To 利用者

×
今のうちに決めておきましょう

→

◎
お元気な今だからこそ、考えておきませんか？

もしものことは考えたくないもの

急変時の対応など、「何かあったとき」の話は、どうしてもナーバスになるもの。「縁起でもない」と怒られてしまったり、「死が近づいている」と落ち込ませてしまったりすることもあります。

しかし、**元気な人に対しては、「元気だからこそ」と付け加えてあげましょう**。ポジティブなニュアンスとなり、受け入れやすくなります。

理解度を確認するときに
言ってしまいがち

To
利用者

言っていること、
わかりますか?

もう一度、
ご説明しますか?

「わかる?」とは直接尋ねない

話した内容をうまく理解できていない様子の利用者に対し、つい「言っていること、わかる?」と尋ねて理解度を確認していませんか。

この言い方は上から目線のようで、言われたほうは、「理解力が足りない」と馬鹿にされている気分になります。

不必要に傷つけないためにも、**当たり前のこととして再度の説明を提案**したいですね。

利用者の状態を確認するときに言ってしまいがち

To スタッフ

×
どんな感じだった？

◎
表情や体調で変わったところはなかったですか？

質問の解釈を相手に任せない

「どんな感じ？」は、質問の意図を相手の解釈に委ねる曖昧表現です。感覚的なやりとりとなり、肝心なことを聞きそびれることもしばしば。聞かれた側も答えに困ります。

介護職、なかでもリーダーは利用者の様子や健康状態を正しく把握しておく必要があります。そのため、**確認したいポイントは必ず具体的に聞いておきましょう**。

わからないことを尋ねるときに言ってしまいがち

To スタッフ

✕ 〇〇って何ですか？

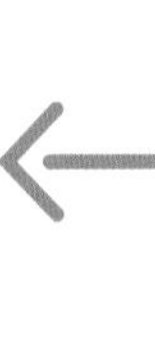

◎ 〇〇の××を教えてください

質問はできるだけ具体的に

質問をするときには、相手が何を答えればよいかすぐにわかるよう、**事前にできるだけ疑問点を明確にしましょう。**

疑問点がぼんやりとしたまま質問をすると、自分のわからないところを相手に探してもらうこととなり、負担を押しつけてしまいます。

自分で調べる努力をして「ここまではわかった」と言えるとさらに好印象です。

理解度を確認するときに
言ってしまいがち

話、聞いてる？

今の話でわからないことはありますか？

「確認している」ニュアンスで

「聞いてる？」は、「聞いてないでしょ」の裏返し。どちらかといえば、注意のニュアンスに近くなりますので、言われた相手は叱責されているように感じるでしょう。

話をきちんと理解しているかどうかを確認するという意図であれば、**疑問点を尋ねたり、伝えたい言葉を繰り返すなどして「確認している」ニュアンスへ変えましょう。**

理解度を確認するときに
言ってしまいがち

To
スタッフ

これくらい
知ってるよね？

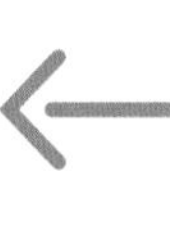

この説明は
しましたっけ？

「知っていて当然」はプレッシャーになる

「これくらい」と強調することで「知っていて当然」もしくは「知らないとダメ」というニュアンスになります。

それがプレッシャーになると、知らない場合にそのことを言いづらくなります。

以前に説明していたとしても、十分に理解できていないこともあります。**相手の理解度を確認するなら、説明したかを尋ねる言い方がおすすめ。**

主張をするときに
言ってしまいがち

To スタッフ

私、間違ってる？

私はこう思います

主張の押しつけになる質問はNG

一見、「間違っているかどうか」を尋ねる質問に見えますが、相手に「間違っていません」と言わせようとして、圧力をかけるだけの言葉です。意味のない質問なので、控えましょう。

伝えたいことがあるならば、**自分の思いのみを率直に伝える**ほうが、相手も素直に言葉を聞こうとしますし、意見も言いやすいでしょう。

話がわかりづらいときに言ってしまいがち

To 家族

✕

どういうことですか？

◎

お話ししやすいことからご説明いただけますか？

疑問をストレートにぶつけない

利用者の家族からの要望やクレームについては、「どんなことを問題としているのか」「何に不満を感じているのか」、もしくは「どうしてほしいのか」を詳しく知る必要があります。しかし、感情的になっている家族の場合は、事実が不安や怒り、焦りや不満などの感情と混ざり、何が言いたいのかわからないこともあるでしょう。

そのような場合に、話を整理したい気持ちをそのままぶつけて、「どういうことですか？」とぶっきらぼうな聞き方をするのは避けたいところです。ただでさえ、感情的になっている相手です。「あなたは何を言っているかわからない」と追い打ちをかけてきたと受け取られかねません。

要望やクレームを訴える人のなかには、自分でも何が問題なのかをよく理解できていない人もいます。そのため、**「困っている点は何か」「どこが重要なのか」を明らかにするような質問の仕方をする**ことが大切です。「お困りの点について、お話ししやすいことからご説明いただけますか？」と聞けば、話しやすくなります。

それでもなお、うまく説明できない人に対しては、**「どういう状況なのか」「どんな思いなのか」「わからないことは何か」を細かく確認し、整理しながら会話を進める**ことで解決へと導くことができます。

要領を得ない話をされたときに
言ってしまいがち

To 家族

✕

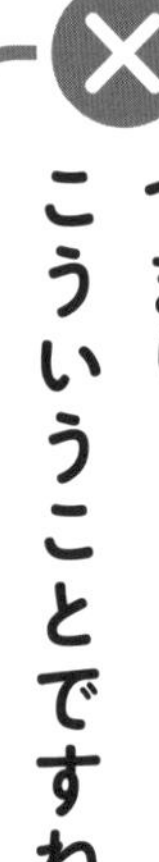

◎

こういう理解で
よろしいでしょうか？

まとめるときは尋ねる言い方で

要領を得ない話を聞いていると、つい話を遮ってまとめてしまう人がいます。

しかも、「つまり」「要するに」「結局」などの言葉を使い、断定に近い表現で要約すると、それが間違いだった場合、相手をいら立たせてしまいます。

とはいえ、適宜、要約すると話が整理され、安心感につながるので、**尋ねる言い方でまとめる**のがよいでしょう。

第10章

返事

褒められたり、感謝されたりしたときに言ってしまいがち

To 利用者

そんなことないですよ

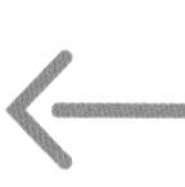

◎

そう言っていただけると、うれしいです

褒め言葉や感謝は素直に受け取る

私たちには、謙遜を美徳とする文化があります。それゆえ、他人から褒められたり、感謝されたりしたときに「そんなことはない」と返してしまう人も多いのではないでしょうか。また、想像以上に自分を評価してもらったときも気恥ずかしさから、そうした返答をすることもあるでしょう。

しかし、謙遜も一歩間違えると、褒めてくれた相手を不快にしてしまうかもしれません。過度な謙遜は相手の思いを否定することにもなりかねないからです。

たとえば、頑張っている後輩をねぎらうつもりで「よくやっているね。すごいよ」と声をかけたときに、「全然だめです」と返されたらいかがでしょうか。気をつかって「そんなことないよ」と言うしかありません。謙遜は気持ちを素直に受け取らないばかりか、相手に余計な労力を使わせてしまうこともあります。

また、謙遜の言葉によっては自慢のようになったり、「もっと褒めて」という要求のようになることもあります。これには、「大したことないよ」「何もしてないよ」などが当てはまるでしょう。

相手の厚意は、素直に「ありがとうございます」「うれしいです」と笑顔で受け取りましょう。相手も「伝えてよかった」とうれしくなります。

知らない話題が出たときに言ってしまいがち

To 利用者

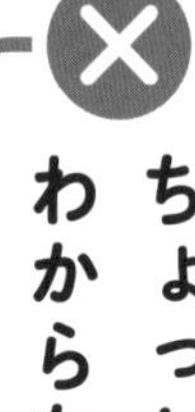

ちょっとわからないです

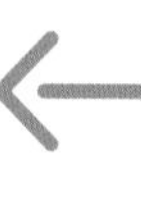

わからないので、教えてくれませんか

教えてもらう姿勢で好感度アップ

世代の違いから、利用者に自分の知らない話題を振られることは少なくありません。

しかし、そのときに「わからない」とだけ伝えてしまうのはＮＧ。話を聞く気がないことを示し、相手に寂しい思いをさせてしまいます。

知らないからこそ、教えを乞う姿勢で返答しましょう。相手に気持ちよく話してもらうと、信頼関係も築けます。

頻繁にトイレの訴えがあるときに
言ってしまいがち

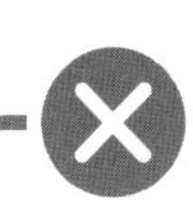

またですか?

今、お連れしますね

トイレの訴えにはすぐに対応

利用者が頻繁にトイレの訴えをしたときに、×のような返事をしていませんか。

認知症による影響や疾患など、利用者によって原因はさまざまですが、生理現象を我慢するのはつらいもの。**すぐに対応しましょう。**

そのうえで、**「ご体調はいかがですか」と気遣い**、本人の体調や原因の把握にもしっかりと目を向けたいですね。

二択で尋ねられたときに
言ってしまいがち

To
利用者

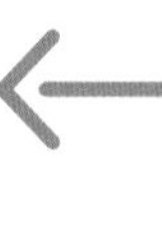

どの点で迷われて
いるんですか？

迷っているポイントの整理を促す

身に着けるものなどで迷う利用者から、「どっちがいいかしら」と尋ねられて、返事に困ったことはありませんか。

言い方によっては、「どっちでもいいから早く」と急かしているように感じられます。

そんなときは**判断を伝えず、相手に迷っているポイントの整理を促しましょう**。利用者自身で決められるように、後押しができるといいですね。

同じ話をされたときに
言ってしまいがち

その話、前にも聞きましたよ

↓

〇〇の話ですよね。面白いですよね

プラスの感想で心温まるやりとりに

自覚なく同じ話を何度もする人に「前にも聞きました」と遮るように言うと、相手は悲しい気持ちになります。「また言ってしまった」と落ち込むこともあるでしょう。

初めて聞いたかのように振る舞うのもよいですが、**プラスの感想を添えつつ、すでに聞いた話だと伝えてもOK。**相手は思いを共有できたことで気持ちが満たされます。

相手と意見が異なるときに
言ってしまいがち

To

✕
それは違うと思うよ

←

◎
**そうしたいのは
どんな思いからなの?**

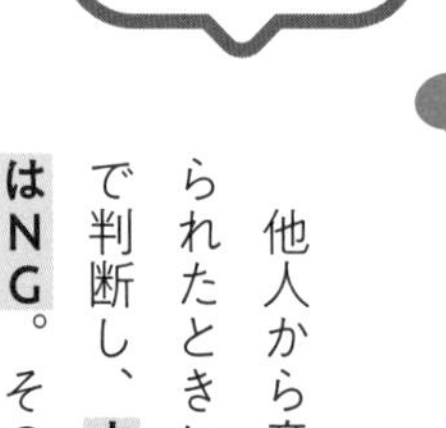

第一声で否定は×

他人から意見や提案を伝えられたときに自分の価値基準で判断し、**すぐに否定するのはNG**。そのように否定された相手は、次から意見がしづらくなります。軋轢が生じるおそれがあります。

意見の相違があることは当然ですが、**まずは意図を聞きましょう**。相手の信頼を得られるだけでなく、自分の考えが変わるかもしれません。

急いでいるのに呼び止められたときに言ってしまいがち

To スタッフ

✕ それ、今じゃなきゃだめ？

↓

◎ その話、後で聞かせてもらってもいい？

話を聞く気があることを伝える

忙しくて時間がないときに、呼び止めてきた相手への返答として言ってしまいがち。

自分にそのつもりがなくても、言われた相手は突き放されたように感じます。相手はそれ以降、話しかけづらくなるかもしれません。

良好な関係を保つためにも、**話を聞く気持ちがあることを示しつつ、後で対応する旨の提案をしましょう。**

意見を求められたときに
言ってしまいがち

それでいいんじゃない？

私はそれがいいと思います

はっきりと自分の意思を伝える

白黒はっきり判断がつかないことや、さほど重要でない案件について、意見を求められた際に×の言い方をしがち。

しかし、「それでいい」という言い方は、「どちらでもよいけど、それで」という投げやり感が否めません。

相手は、「本当によいと思っているのか」と混乱するので、**「それがいい」と明確に自分の意思を伝えましょう。**

答えに自信がないときに言ってしまいがち

×
○○だよ。知らないけど

◎
自信はないけど○○だと思う

責任放棄をせず意見として伝える

最後に「知らないけれど」と付け加えることは、「自分が話したことが仮に間違っていても責任をとらない」と宣言しているようなもの。

便利な言葉として使われますが、うやむやにされたという印象を与えます。責任逃れだと思われないためには、話した内容に自信がないことは伝えつつ、**自分の意見として返答する**ことが大切です。

To 家族

自分の経験と似た話をされたときに言ってしまいがち

私も同じなので、わかります

↓

同じような経験があるので、わかる気がします

他人と自分の経験は別物

「わかる」は、同意の応答として使いがちですが、むやみに使うのはトラブルの元。相手によっては、「この人なら何でもわかってくれる！」という依存を生じさせることがあります。

依存は、心理的な距離が近づくことにより生じます。依存が強まると、受け入れてもらえなかった場合に裏切られた気分になり、攻撃に転じることもあります。人間関係では、マイナスになりやすいものです。

一方で、「考え方や価値観、体験がすべて同じであるわけがない。安易にわかったふりをしないでほしい」という反発が生じる可能性もあるので注意が必要です。

相手の考えや経験に親近感を覚えても、自分のそれとは別物です。**寄り添う姿勢を示すのみにとどめましょう**。特にネガティブな感情の相手には心がけたいですね。

また、このような場面で「自分はこうした」と一方的なアドバイスをするのもＮＧ。似たような場面に遭遇した経験から、よかれと思って言いたくなるのかもしれませんが、ぐっとこらえましょう。自分にとってはよかったことでも、他人には役に立たないことのほうが、断然多いのです。

ただし、「暑い日はアイスに限るよね」などの**カジュアルな問いかけには、「わかる！」と同意してＯＫ**です。

クレームがあったときに
言ってしまいがち

To
家族

そんなことないと思いますが…

←

今一度、一緒にご確認をお願いいたします

一緒に確認することで納得してもらう

勘違いや思い込みのようなクレームを家族から伝えられたとき、×のように言っていませんか。たとえ相手に非があるように思えても、すぐさま否定すると反感を買います。**契約書などの記載事項を一緒に確認することを提案する**など、丁寧な対応を心がけましょう。後に争いになりそうなものは、**あらかじめ書面で残す**ことも大切です。

問い合わせがあったときに言ってしまいがち

To 家族

契約書に書いてありますよ

←

ご説明させていただきます

口頭でも丁寧に説明する

問い合わせに対し、「契約書に書いてある」と反応してはいけません。「書面にあるのにわざわざ聞くな」という非難に受け取られかねません。

契約書をきちんと読んでいない、または読んでいても十分に理解できていないことはよくあります。**丁寧に説明してから、その内容が契約書などにも書いてあることを伝える**ほうが親切です。

即答できない要望があったときに言ってしまいがち

To 家族

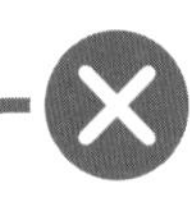

✕ 一応、お話はわかりました

→

◎ 確認してお返事をさせていただきます

確認して連絡する旨をきちんと伝える

「要望の内容はわかったが、対応の可否は確認しないとわからない」ということを暗に示す言い方です。人によっては、「要望を承った」ととらえる人もいるでしょう。

対応の可否がわからない場合は、**確認して連絡する旨を丁寧に伝えましょう**。その際には、**いつまでに連絡するかといった日程の目安も伝える**と安心してもらえます。

第11章

相づち

話を聞いているときに
言ってしまいがち

To 利用者

×
いいね／よかったね

◎
それは何より
うれしいですね

聞いてる？

相手の立場になって、気持ちを伝える

ポジティブな話への相づちとして、「いいね」「よかったね」は非常によく使いがちです。しかし、多用すると他人事として扱われているようで、「話を聞いていないのかな」と感じられることもあります。

さらに、「よい」という表現は使うときには注意が必要になります。プラスの意味をもつ言葉ではありますが、一方で相手の話の善しあしを判断する「評価的態度」と受け取られることもあります。

職場の上司や先輩が、部下や後輩に使うぶんには問題ありませんが、お客様であり、年長者である利用者に使うのは不適切です。評価されたことに不快感を覚えるかもしれません。上から目線にならないよう、**その人の気持ちを想像して共感する**と、そこからさらに話が広がるでしょう。

同様に相づちのように使いがちなのが、「大丈夫」という言葉。心配事を漏らした利用者に対し、慰めたり、励ましたりするつもりで口にしますが、これはNG。「あなたが気にしていることは取るに足りないこと」というメッセージとなりやすいです。

根拠なく「大丈夫」と言って対応するのは、相手に配慮しているとは言えません。**しっかりと相手の話に耳を傾け、その人の気持ちや出来事をそのまま受け止めて返す**ようにしましょう。

驚いたときに言ってしまいがち

To 利用者

✕ 本当ですか？

◎ それは驚きですね！

驚きの気持ちをそのまま伝える

驚きの気持ちがあると、つい口癖のように言ってしまいがちです。「嘘でしょう!?」と言うこともあるでしょう。

いずれも疑問形なので、疑っている、もしくは確認しているニュアンスとなり、話の腰を折ってしまう可能性もあります。

素直に「驚いた」と言うほうが気持ちが伝わり、話もスムーズに進みます。

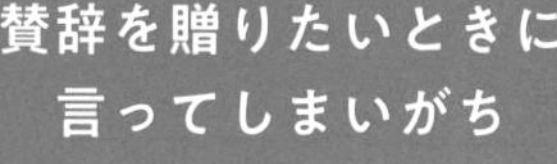

賛辞を贈りたいときに言ってしまいがち

To 利用者

✕ さすが!

◎ ○○がお上手ですね!

決まり文句だけだとかえって逆効果

「さすが」や「すごい」は褒め言葉の決まり文句。そればかりを繰り返していると、単なるお世辞やご機嫌取りのようになり、白々しく聞こえることもあります。

褒め言葉なら何でもよいわけではありません。何が「さすが」なのか、どこが「すごい」のか、**具体的な理由を付け加える**と、相手も素直に褒められていると感じます。

物事を教わったときに
言ってしまいがち

To
スタッフ

勉強になります

←

記録の書き方の話が参考になりました

教わったことを咀嚼して言語化する

「勉強になります」は、誰かに何かを教わったり、説明を受けたり、経験談を聞いたりしたときなどに使うフレーズです。特に相手が上司や先輩といった目上の方の場合には、無難ゆえによく使います。

しかし、言われた相手は、「どこが勉強になったのか」といささか疑問に思うことでしょう。親身になって詳しく話したことに対して、感想を無難な一言でまとめられてしまうと、「それだけ？」と物足りない印象も受けてしまいます。また、話を聞きながら相づちのように「勉強になります」と繰り返していては、おべっかを使っているようにも聞こえます。

誰かに物事を教わったときは、そこで得たことを自分の言葉で伝え返すことが大切です。その際、決して難しいことを言う必要はありません。

「○○だったことに気づきました」「○○の視点は自分にはないものでした」「○○が参考になりました」のように、**具体的に得られた情報に感想を添える**だけで、長々とした説明は不要です。それだけでも相手は、「真摯に聞いてくれた」「役に立ってよかった」と思うでしょう。

つまり、単に言葉の問題だけではなく、**教わった内容を咀嚼して言語化するという姿勢**が大切なのです。

話の内容を確認したいときに言ってしまいがち

To スタッフ

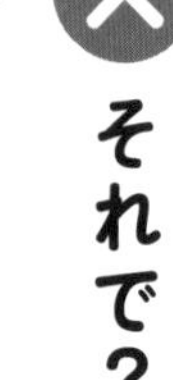

それで？

一番の問題は何かな？

意図せずに威圧的になるので注意

事細かに話すものの、結局何が言いたいのかよくわからない相談はたびたびあります。

そんなとき、結論を急ぐあまりに×の言葉を使いがちですが、この言葉は意図せずに威圧的になりやすいです。

相談者本人は話す内容を絞りきれていない可能性があるので、**優先順位をつけるような質問をして、話の交通整理を助けてあげる**とよいですね。

話を聞いているときに
言ってしまいがち

なるほどですね

そうなのですね

「なるほど」は目上の人には使わない

「なるほど」は敬語ではなく、評価を下して同意するという意味がありますので、お客様である家族の方に対して使用するのは、基本的にNG。

そもそも、「なるほど」に「ですね」を付けること自体に文法上の誤りがあります。

口癖で「なるほど」と出てしまったときには、すぐに「おっしゃるとおりですね」と言葉を付け加えましょう。

話を聞いているときに言ってしまいがち

To 家族

✕ うん、うん

→ ◎ はい／ええ／おっしゃるとおりです

相づちは丁寧かつバリエーション豊富に

二つ返事は、いい加減に聞いているように感じられます。また、「うん」はカジュアルな相づちなので、利用者の家族に対して使うのは不適切。

誠実に聞いていることを示すためにも相づちには、バリエーションがあるほうがよいので、「うん」を絶対に使ってはいけないわけではありませんが、**基本は「はい」「ええ」で応答しましょう。**

第12章

気遣い

トイレ介助をしているときに言ってしまいがち

To 利用者

まだお時間がかかりそうですか？

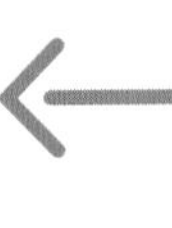

ゆっくりで大丈夫ですよ

急がば回れの精神で声かけを

想定よりも利用者がトイレに時間を要しているときは、順番を待つ次の利用者やほかの業務が気になってしまい、利用者に急かすような言葉を発してしまいがちです。

しかし、人は急かされると焦って失敗したり、緊張から動作がうまくいかなくなるもの。「まだですか」「もう少し時間はかかりますか」といった声かけは逆効果です。

何かの動作を促したいときは、相手がリラックスできるようなかかわりが効果的です。結果として、スムーズな事態の収束につながるでしょう。

特に排泄は、利用者の身体だけではなく、自尊心にもかかわるデリケートな行為です。職員の気持ちや都合を押しつけるような言動は、利用者に負担を強いることになりますので注意が必要です。

どうしても時間や余裕がないときは、我慢せずに**ほかのスタッフに助けを求めましょう**。抱え込むと、利用者に迷惑をかけるだけではなく、自分自身も心にゆとりがなくなり、つらくなります。

自分を大切にすることは、他者を大切にすることにつながります。心にゆとりがあれば、おのずから言動にも余裕が生まれ、利用者に優しく接することができます。利用者とスタッフ、互いに無理のないように過ごしたいものです。

ネガティブな発言を聞いたときに
言ってしまいがち

To
利用者

そんなこと
言わないでください

←

思いを聞かせて
くれませんか？

言葉の裏にある思いを聞く

「死にたい」「私なんかいないほうがよい」などのネガティブな言葉に対し、その思いを即座に否定するような対応は望ましくありません。

そうした発言に至るほどの思い（たとえば寂しさ）にフォーカスし、その**気持ちを受け止める**ことが大切です。

その思いに本人が折り合いをつけなければ、言葉だけを否定しても意味がありません。

トイレに失敗した人を気遣うときに言ってしまいがち

To 利用者

×
トイレに間に合わなかったんですね

←

◎
気がつかなくてごめんなさい

恥ずかしさには最大限の配慮を

トイレの失敗に対する気遣いは、利用者の尊厳を守るうえでも大切にしたいですね。

羞恥心や申し訳なさがあり、事実を言葉にされると責められているように感じます。

利用者を悪者にしないためにも、**事前にトイレへ誘導できなかった自分にも原因があると伝えましょう**。できる限り罪悪感や羞恥心を軽減したいものです。

仕事を任せるときに言ってしまいがち

これやっておいて。○○さんならできるよね？

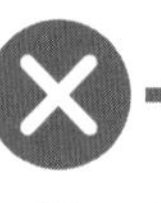

○○さんに任せたい。わからないことは遠慮なく言ってね

やる気と安心感を引き出す気遣い

仕事を任せるときに、一方的に押しつけるような言い方をしていませんか。相手の状況に配慮せず「これやっておいて」と伝えたり、有無を言わさないような言い方で「できるよね？」と伝えるのはＮＧ。相手は自信がないことを言い出せずに、不安になってしまいます。

また、「引き受けて当然」という雰囲気で頼まれると、見下されているように感じ、気持ちよく引き受けられないでしょう。

仕事を任せるときの気遣いとしては、**「ぜひ、あなたにお願いしたい」というニュアンスを伝える**ことです。相手は「自分に期待してくれている」とモチベーションが高まるので、積極的に仕事に取り組んでくれる可能性が高まります。さらに、**フォロー体制があることも伝える**と、相手は安心して仕事に臨めますね。

人によって「できる」の意味に差があることから、具体的に指示することも大切です。

たとえば、利用者情報を整理してほしいときに、「表計算ソフトはできる？」と尋ねたうえで依頼しても、実際は機能をほとんど知らず、必要以上に作業に時間を要していた、という事態はよくあります。

「何がどこまでできるのか」もしくは「何をどこまでお願いしたいのか」を明確に伝える配慮が必要です。

体調不良のスタッフを気遣うときに言ってしまいがち

To スタッフ

×

大丈夫？ 病院に行ったほうがいいよ

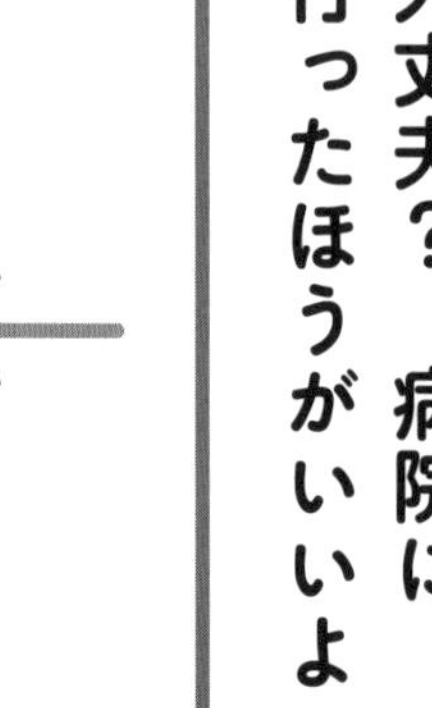

◎

病院で受診してください

感染リスクを最大限に考慮する

体調の悪そうなスタッフには、変に気をつかわずに**受診するよう伝えてください**。

責任感が強い人ほど頑張りすぎる傾向がありますが、業務に支障をきたしますし、感染症などの場合は利用者の命にかかわりますので、**毅然とした対応が求められます**。

また、×の言い方は状況や相手によっては、嫌味にとらえられるかもしれません。

同僚から愚痴を言われたときに言ってしまいがち

To スタッフ

× そうだよね。○○さんわがままだよね

→

◎ ○○さんはご自身のペースがある方だよね

愚痴に便乗すると自分もネガティブに

同僚スタッフの利用者の愚痴に同意、便乗するのはNG。たとえ一部でも悪い印象を受けると、その人全体を実際より低く評価しやすくなります。

同僚スタッフの愚痴を注意するというのは難しい場合もあるので、**言葉を転換してネガティブにならないように心がけましょう**。利用者の愚痴だけでなく、ほかのスタッフの愚痴も同様です。

疲れた様子の人を気遣うときに
言ってしまいがち

いつも
大変そうですね

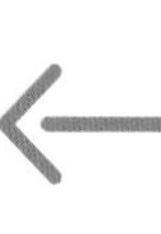

私にも
頼ってくださいね

専門職として常にサポートする姿勢で

在宅介護の場合など、すでに家族は精一杯頑張ってヘトヘトになっているかもしれません。そんな人に対し、他人事のような声かけはNG。**頑張りを認める声かけとともに、一緒に問題を解決する姿勢を示しましょう。**

たとえ、支援の要請がなくても、状況を理解し、支えてくれる存在を認識するだけでも気持ちは楽になります。

利用者の状態を伝えるときに言ってしまいがち

To 家族

認知症が進行しています

○○さんらしさは残っています

専門職と家族では見え方が異なる

家族の立場では、利用者の認知症の進行について、うまく理解できなかったり、気持ちが整理しきれなかったりすることがあります。

そのため、特に久々に本人に会う家族に対しては、体調の変化だけでなく、**本人らしさがわかるエピソードなど、ポジティブな側面も伝える**ようにしましょう。スタッフのケアへの姿勢も伝わります。

おわりに

「寄り添う」ことの意味

人間の身体と心は連動しています。高齢になり、身体機能が落ちて自分の力だけではできないことが増えてくると、心のコントロールも難しくなります。思うように身体が動かなくなるにつれ、わがままになったり、依存したりする傾向がより強くみられるようになるでしょう。介護の仕事に就いている皆さんは、日々それを実感する環境にいることと思います。

心身ともにケアをすることとは、相手に寄り添うことでもあります。しかし、それは単に一緒にいればよい、という単純なものではありません。

たとえば、誰かと一緒にいるにもかかわらず、寂しいと感じたことはないでしょうか。そのとき、きっとあなたは相手に理解してもらえていない、受け入れてもらえていない、と感じていたはずです。

もちろん、誰しも相手のことを完全に理解することはできません。同じことを体験しても違う感情をもつように、思いは人それぞれだからです。しかし、だからこそ常に相手を理解しようとする気持ちをもち、それを示すためのかかわりが必要になります。こうしたかかわりが寄り添うことなのです。

とはいえ、何も特別なことをする必要はありません。「目を見てあいさつをする」「話に耳を傾ける」「相手の言動を否定しない」などの日々の繰り返しが大切です。それが寄り添うことの第一歩であり、信頼関係の構築に大いに役立ちます。

そして、この信頼関係は、トラブルを回避するためにも役立ちます。人は、いつも自分に好意的に接してくれている人に対しては、たとえその人が何かに失敗し、自分に迷惑をかけたときでも寛大でいられるものです。些細なことであれば「そんなこともあるよね」と気にも留めないかもしれません。

しかし、反対に自分に対していつも冷たい態度で、聞く耳をもってくれない人が何か問題を起こせば、それがたとえ些細な問題だとしても、その人に嫌悪感を抱く可能性があるのです。現場でこうした人間関係ができてしまうと、失敗に対して周囲から過剰反応されてしまい、仕事がしづらくなります。

相手を思いやることは、自分を守ることにもつながります。まさに「情けは人の為ならず」です。

利用者の日々の生活を支えることは、心身に少なくない負担がかかります。しかし、ふだん口にする言葉を少し工夫していくことで、利用者とその家族、そしてスタッフ同士の関係性をよりよいものとし、働きやすい環境を自らつくれると信じています。

介護職は、かかわる人の人生の最期を豊かにできるすばらしい職業です。プライドをもって、働きがいのある仕事を続けていくためにも、ぜひ自分と相手を大切にするかかわり方を身につけてください。

高齢化社会を支える介護職の皆様が、生き生きと健やかであることを願っています。

著者紹介

大野萌子

(おおの もえこ)

一般社団法人日本メンタルアップ支援機構 代表理事、公認心理師、産業カウンセラー。コミュニケーションスキル、ハラスメント対策などの分野で、官公庁や医療機関、介護サービス事業所などで6万人以上に講演・研修を行う。著書に『よけいなひと言を好かれるセリフに変える 言いかえ図鑑®』(サンマーク出版)、『伝え上手、聞き上手になる! 介護職のための職場コミュニケーション術』(中央法規) ほか。

利用者・家族・スタッフに信頼される

介護のステキ言い換え術

2024年6月25日発行

著　者　大野萌子
発行者　荘村明彦
発行所　中央法規出版株式会社
〒110-0016
東京都台東区台東3-29-1 中央法規ビル
TEL 03-6387-3196
https://www.chuohoki.co.jp/

装丁・本文デザイン　藤塚尚子（etokumi）
DTP　株式会社明昌堂
イラスト　平井さくら
印刷・製本　図書印刷株式会社

定価はカバーに表示してあります。
ISBN978-4-8243-0078-2

A078